U0153017

情緒，是為了讓你看見自己

靈媒媽媽的心靈解答書6

Ruowen Huang——著

目錄

目錄

Part 2 靈魂的精心策畫

目錄

Part 3 走在靈魂成長的路上與吸引力法則

目錄

前言

「通靈的目的究竟是為了什麼？」

這是從我有記憶以來就一直盤旋在腦中的話。

或許是因為生長於傳統的道教環境中，讓我看到家人們不斷地求神問卜，只為了求得一時的心安，卻總是讓自己身陷相同的困境裡，從來沒有想過要採取行動去解決根本的問題。這讓我在潛意識裡對於「通靈」產生了十分不屑又害怕被發現的心態。即便一開始被迫營業般地幫人解決冤親債主、批流年、通因果……我依舊無法理解這些訊息存在的意義究竟是為了什麼，又是如何改善人的一生。

通靈的感官曾是我排斥了大半輩子的事。然而，隨著我接觸更多個案，觀察到他們的情緒，感受到他們求助無門的無奈，陪伴他們面對一個又一個生命中的難題時，我的抗拒慢慢轉變成一種好奇心——「難道真的沒有解決方法嗎？」

我還記得當我開始注意到每種疾病背後的特有模式時，那是我人生中第一次不再排斥自己的能力，甚至開始相信「或許通靈也不是一件壞事」。為了滿足內心猶如黑洞般的好奇心，我不斷探索不同領域，試圖了解通靈的極限。也是透過這段旅程讓我意外發現，每個靈魂都擁有強大的潛能，能夠顯化任何實相……這也讓我開始學著接受自己隱藏了大半輩子的能力。

書裡分享的每一個病例，都是我透過諮詢個案、身旁的親朋好友、網路個案，觀察了約莫五到十年才敢做出的結論。但即便如此，我也不敢斷言自己的觀察是絕對的答案，因為我太了解這個宇宙底下從來就沒有絕對的事。而且在這之中，相信各位應該也注意到情緒是如何掌控著我們的身體與人生的體驗。情緒讓我們感受到痛苦，但也讓我們體驗到愛，它可以讓我們感覺自己渺小，也可以讓我們感覺自己無所不能。

大部分的人只想擁抱美好的情緒，並想盡辦法避免各種不好的情緒。只想要體驗好的，卻不斷地壓抑那些不好的。但若是沒有黑夜又怎麼懂得欣賞白天？若是沒有體驗過雨季又怎麼會懂得享受艷陽高照的日子？如果人生只存在快樂，在沒有哀傷的陪襯下，快樂是否也會失去其意義，就如同沒有黑夜的白天一樣？

有人曾說，地球是靈魂的監獄，但我覺得它更像是靈魂用來學習情緒的遊樂場。人生中的喜怒哀樂全都是靈魂想要體驗的感受，藉由它們的影響（擴張）力來幫助靈魂更加地了解自己。就如同我浪費了大半輩子排斥的能力，也是得要在學會接受之後，才有機會發現自己原來可以透過它去探索無限的可能。情緒是我們用來面對功課的度量衡，若是沒有情緒做為輔助，我們便無從得知靈魂究竟要什麼，以及不要什麼。所以與其一直逃避或是壓抑內在的種種情緒，我們更應該學習如何去體驗它，並幫助靈魂找回自己的力量，以探索未來更多的可能。

在進入覺知的世代，身心靈的話題只會更加廣泛地被討論。但在那之前，與其人云亦云、盲目地追隨崇拜身心靈，我其實更希望能夠幫助各位找到自己。雖然我的分享裡有許多「父母是你選的」、「身體是你靈魂的工具」、「靈魂安排了你的人生平台與功課」的議題，常常讓人感到人生是被動且無力的，但讓我們換個角度思考，如果靈魂有如此龐大的力量可以安排這一切，又怎麼會沒有改變它的能力呢？

我有許多的分享都是建立在「真的沒有解決方法嗎？」的好奇心之上。雖然我知道自己的分享不一定可以幫助你解決問題，但卻可以提供各位另一個思考的角度。所以在你過度壓抑自己情緒而感到迷失的情況下，是否可以考慮「情緒，是為了讓你看見自己」？它之所以存在，不是為了要折磨你，而是要幫助你慢慢地找回自己的力量呢？

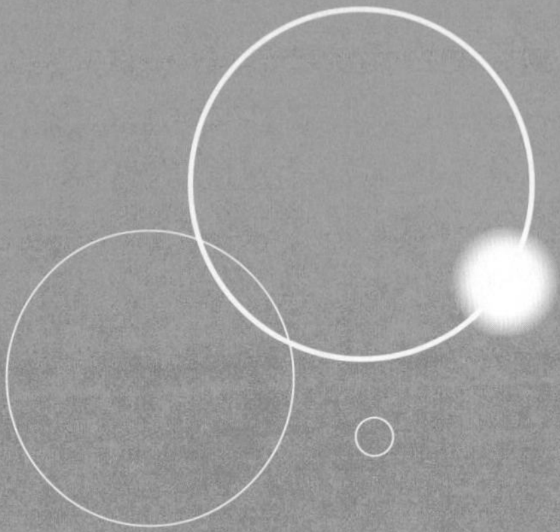

Part 1

你的身體
正在回應你的情緒

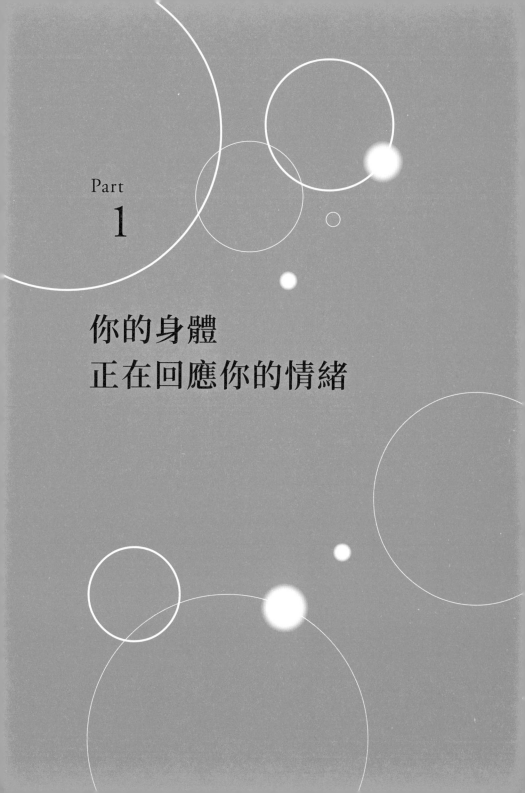

提醒

在本書，有許多有關疾病的研究，都是基於這麼多年來的諮詢案例所做的概括。我沒有辦法與各位分享每一種疾病，只能針對個人比較有興趣的疾病來特別研究與討論。我所分享的每一件事可能不是真相，也不一定是解決這個疾病的方法，但是我相信真正的健康是身、心、靈三方位達到平衡的時候，我希望自己的分享可以作為各位在接受專業醫療時的輔助。如果你所面臨的疾病是醫學沒有辦法給你答案的，那麼你或許可以考慮從靈學的角度切入。讓我再重申一次，我不是一個醫生，也不想要否定任何的醫學，只是希望以靈媒的視角提供多一種層面的輔助。

各種疾病原因的概括說明

對應頻道255集

我們先以這篇文章來討論所有疾病的導因。在本書裡所討論的相關疾病都是來自於多年來的諮詢個案的經驗和紀錄，又或者是發生在自己、親友身上的案例。或許是因為好奇心驅使，也可能是在這麼多的案例裡看到了一定的模式，所以讓我在後期對許多疾病的導因產生了濃厚的研究興趣。

從這麼多年來所處理的案例中，我把所

有的疾病歸類為身、心、靈三大類。

所謂的身體疾病，其實就是任何受到外來物影響或是衝擊所產生的疾病。舉凡像是感染到流感病毒、新冠病毒，又或者是車禍、跌倒受傷等，這類疾病在我的認知中，我都把它們歸類為身體疾病。在這個情況下，我相信人們應該去找專業醫師治療，而不是一心要靈媒幫你找病因。當然，有些人說自己卡到陰的時候也會發燒生病，這絕對是有可能的事。但如果你的身體有發燒的反應，特別是在我們的身體對抗外來物時通常都會有高燒的情況下，你在第一時間應該先去找醫生，排除病毒感染的可能性後再找靈媒，這樣才會知道該從哪裡下手，而不是本末倒置，反而延誤了黃金治療期。總歸來說，任何由外力造成的疾病，無論是病毒或是外力衝擊，我全部歸類為身體疾病。

再來是心理疾病。這類疾病通常跟情緒有關，也就是由情緒衍生的疾病。我曾說過，身體只是靈魂的工具，它會如實地反映出你靈魂的設定。大部分的人都認為情緒這種能量應該過了就算了，所以讓自己養成置之不理的習慣，相信任何情緒都會隨著時間的流逝而消失。也因為這樣的信念，讓我們習慣性地將所有的情緒都積壓在心裡，從來沒有想過能量在沒有抒發的情況下，只會滯留而不會消散。其實處理情緒最好的辦法不是將它放在心裡，而是讓它自然而然地流動。你可以透過與朋友發洩／分享來流動情緒，也可以透過面對並著手處理問題來解決情緒，不論用什麼方法，情緒在流動的情況下，比較不會衍生出疾病。

我這裡說的情緒包含所有正面負面的情緒，除了試圖壓抑不好的情緒之外，有些人也不知道該如何應對或是接受好的情緒，就好像有些人明明覺得高興，卻不知道該不該在眾人面前表現出來一樣。我們身體裡的每一個器官都負責幫我們消化不一樣的情緒，一旦情緒沒有辦法得到正常的流動，而形成積累阻塞的狀態時，身體便會回應靈魂的感受而發展出所謂的腫瘤，而隨著情緒的不同，腫瘤可能會有良性或是惡性的差異。因此，如果你可以理解腫瘤的產生等同於積累不流動的能量的話，那麼你就能夠理解為什麼癌症會被我歸類為心理疾病。心理疾病在所有疾病裡有很大的佔比，主要是因為我們投胎面對許多人生課題的時候，都會激發我們的情緒，在不知道如何正常排解的情況下，它就很容易發展成為任何心理上的疾病。

再來是靈魂疾病。之所以被我歸類於靈魂疾病，是因為這些疾病大多源自於靈魂自身的設定，可能是在累世的輪迴中產生某種記憶與感受，又或是體驗了某種衝擊，進而對靈魂的設定上產生了很大的影響。這些影響很可能在一出生的時候就會反映在身體上，但也有可能在成長的過程中接觸到與前世相同的場景或元素時，身體會因為靈魂肌肉記憶的關係而對其產生莫名其妙的反應。這些疾病不像前兩者有跡可循。其中最經典的可能是過敏、強迫症或是注意力不足過動症，這些全都被我歸類在靈魂的疾病裡。

今天各位在面對自身的疾病時，也可以像我一樣先簡單地將它們歸類。舉例來說，五十肩就是標準的身體疾病，它源自於身體姿勢不正確；子宮肌瘤被我歸類為心理疾病，因為它跟自己的情緒和感受不到自我價值有關；氣喘或過敏之所以被我歸類為靈魂疾病的原因在於，它們都是由某種狀態或是元素所引發的身體反應，這樣的反應通常與他們前世和該狀態／物質的互動是有對應關係的。很多人分不清身體疾病與靈魂疾病對於「外來物」的定義，這裡給各位一個最簡單的區分方式：身體疾病的「外來物」是放在任何人身上都會使他們生病，而靈魂疾病的「外來物」則是放在少部分族群身上才會使他們生病。

在此，我不會細述每一種疾病，只是將所有疾病做簡單的概括，讓各位有個大概的觀念以幫助理解接下來任何關於疾病的知識與文章。基本上，所有的疾病都可以被歸類為身、心、靈中的其中一類。身體疾病是受到外來物侵略或衝擊所產生的疾病。心理疾病大多源自於情緒無法疏通而囤積在你身體某部分所產生的疾病，它可以被囤積在心臟、腦子裡、喉間、胃……，人們最常看到的是，當阻塞能量形成腫瘤的時候。而靈魂疾病通常找不到病因，很可能患者一出生就是這個樣子，又或是對某種元素或情況有偏激的反應，這大多是由前世記憶所延伸出來的疾病。

那麼問題來了：即便所有的疾病都可以被大致分類，但它們有沒有相互交錯影響的情況發生呢？就好比是生理混合心理所產生的疾病，又或是心理與靈魂互相影響所產生的呢？這是當然的。舉例來說，強迫症（OCD）通常是靈魂在某種狀態下感受到壓迫與緊張的感覺。在這個當下，患者會經歷恐懼或擔憂的情緒，而這個情緒通常是患者在前世曾經在面對相同情境時所體驗的感受。強迫症雖然源自於靈魂自身的設定，但會因為這輩子在情緒不斷地餵養之下，而衍生出心理上的疾病。不過由於我們所討論的是導因，所以著重的是什麼原因導致這種疾病，因此大部分的疾病應該都可以被歸類成身、心、靈三大類。給各位參考看看，也希望可以成為你面對任何疾病的一種輔助喔。

（編者註：本書所說的「心理疾病」是指由情緒衍生的病症歸類，所以在本書某些章節也稱為「情緒疾病」。但是並不完全等於現代醫學認定的情緒疾患與精神病疾患的範圍。）

靈療是如何運作的

對應頻道 253 集

這篇文章想要利用 Reiki（靈氣）來跟大家解釋靈療是如何運作的。在我的觀念裡，能量療癒可以分成兩大類，一種是給予能量，另一種則是吸收能量。也就是說，任何一個靈療者都可以透過給予能量以補足你身上不足的，或者是拿走你身上不好的能量來療癒你。

我曾經在過去的文章提到，要分辨療癒

師使用何種方法療癒，只需要觀察他們的體型就會知道了。習慣給予能量的靈療師通常偏瘦，而習慣吸收能量的靈療師則體型偏重。當然，除了靈療師之外，這個原則也可以反映在一般人的體型上面。

雖然坊間有許多的靈療方法，但這裡我們暫且用 Reiki 來討論靈療是如何運作的。我曾說過，靈魂是一種光能量的存在，而人就像是一顆會走路的燈泡。任何意念的產生都會讓靈魂像一顆自行發電的光源體，所製造出來的光源會投射到意念想要觸及的地方。意念的大小會決定光的瓦數，而意念裡的人事物則決定光源投射的方向。

靈療也是利用相同的方法在運作，也就是說，靈療師本身有療癒他人的動機，這樣的動機會在他的身上自行生成能量，然後隨著他的意念的產生，將能量投射在指定的人事物上，進而讓被療癒者得到療癒的效果。許多人會透過不同的工具來幫助自己專注或是傳遞能量，而 Reiki 大多數的時候則是透過手來傳遞能量。也就是說，在腦子裡形成的意念將能量集中在雙手之上，然後傳遞給被療癒者。通常如果療癒者本身沒有先淨化自己的能場，那麼被療癒者就很可能會一同感受到療癒者身上的其它情緒。

我曾經當過朋友練習靈療的白老鼠。在她的初學時期，我常常在她幫我靈療的過程中感受到她前一天跟老公吵架的憤怒，或者是晚餐該煮什麼的煩惱……這讓我意識到身為靈療師該學會清理自己能場的重要性。否則，被療癒者不但無法被療癒，很可能還要幫助靈療者消化他們自身的情緒。所以如果你本身是個靈療者，在療癒之前先清空自己的能場，讓自己回到重設（Reset）狀態再進行療癒，對你或是對客戶都是最好的方法。此外，也要清楚自己是習慣透過吸收還是給予方式做靈療，因為這可以幫助你在靈療過後選擇釋放還是補給能量來平衡自身的能量。

至於人們想要知道這種靈療的實例與療癒效果如何的話，我覺得要從理解「宇宙底下的所有存在都是一種振動」開始。如果你可以理解每個人身上都有各自的振動，正向的人與負面的人在振動上各有差別時，那麼當這兩個人在一起的時候，正向的人可能會變得有點負面，而負面的人可能會變得輕快一點。這是因為任何振動都會受到彼此的影響而形成新的振動頻率。大部分的人會在不刻意的情況下進行能量的共振，但是靈療師是在有覺知的情況下進行能量的交換。也就是依照被療癒者的需要，來決定利用什麼樣的振動去調整他們的失衡。這也是為什麼大部分的人應該有注意到靈療師在幫人療癒後會感到疲憊的主要原因。如果能量很強的人要改變較弱的能量是輕而易舉的事，但要刻意製造出能量去改變任何能量則是較為費力的。無論如何，療癒本身都是一件會消耗能量的事，無論靈療師本身的能量強弱與否，這就好比你一直持續做一件簡單的工作也會感到疲憊的意思是一樣的。

既然能量交換有各種方法，那麼靈療儀式就不會單單只侷限在某種特定的方法。舉凡任何可以讓你的靈魂感覺變得輕快以及如釋重負的行為，都可以被稱為靈療。這就是說，靈療不一定要透過靈療師才可以達到被療癒的效果。有些時候，做些自己喜歡做的事，聽聽音樂、看書、跳舞、冥想、瑜伽……等，只要可以讓你的靈魂感到舒緩療癒，其實都可以被當作靈療的方式。

此外，也有人好奇一旦被靈療之後，是否有回饋的必要。我個人覺得這宇宙的所有能量都是互相往來的。如果今日你要求一個陌生人用自己的能量來療癒你，那你可以用金錢交易或以物易物的方式作為回饋。但今日若是朋友以傾聽的方式來讓你感到被療癒，那麼下次對方受傷時，或許可以換你聆聽他的痛苦來幫助他療癒。

傳統社會讓人相信，那些自帶靈媒感官的人天生就是要來救助世人的，但我覺得這是一種非常不尊重人的想法與舉動。就好比遇到一個會煮飯的人，就覺得他理所當然要煮飯給你吃的意思是一樣的。人有什麼樣的技能是各自的事，但是要佔用到他人的時間，就必須建立在彼此都同意的前提下。大部分的靈療師都知道自己的價位在哪，透過使用者付費的心態也可以幫助能量做較好的循環。沒錯，宇宙資訊的確是開放共享的，但有本事就請自己去索取。如果需要他人幫忙的話，那麼至少要帶著感激與尊重的心態。

感激的心會讓你的能場打開，除了讓你能夠更順暢地接收所有的訊息與療癒，也能夠達到事半功倍的效果。有許多人總是帶著踢館的心態去找靈療師，但這樣的行為在能量上就已經產生互相對立與拉扯的反應，也不要再期望靈療師們能夠有多餘的能量去製造任何的療效了。其實只要換位思考就可以清楚地發現，這就像是去醫院打針一樣，在打針之前得先讓自己的肌肉放鬆才不會痛，一旦你所有的肌肉緊繃了起來，那麼不管那支針裡的藥多麼有效，或是針頭有多細，你身上的肌肉還是會因為緊繃抗拒的緣故而痛上好幾天，不是嗎？

受到外來靈體侵入的疾病

對應頻道 256 集

接下來，我想要與各位討論那些被我歸類為身體導因的疾病，並回答一些人們可能感到困惑的問題。基本上，所有身體導因的疾病都是有跡可循的，例如坐姿不正確導致的脊椎痠痛、病毒引起的腸胃炎，或是因撞擊產生的內出血等等，這些都可歸類為身體疾病（面對這些疾病時，選擇適合的專業醫師絕對是最佳的處理方式）。

即便我覺得自己已經解釋得很清楚，仍有許多人認為「卡到陰」也是一種外來物侵入所引起的身體反應。那麼，在這樣的情況下，是否也可以將身體感受到的不適歸類為身體疾病呢？其實，任何能量進入到你的振動範圍並且與你自身的能量振動產生太大落差時，都可能會引起身體不適，這通常會表現出類似感冒的症狀，如頭昏、發燒、想吐……等等。所以即便「卡到陰」無法在醫學上證明，我同樣將這類身體的不適歸類為身體疾病。

相信很多人此刻一定感到困擾，因為我之前說過所有的身體疾病都是有跡可循的，但是在並非人人皆靈媒的情況下，「卡到陰」又如何稱得上有跡可循呢？讓我用更簡單的方式來解釋。如果你的身體產生了任何「發燒」的反應，就將它歸類為身體疾病。人體之所以會發燒，是因為要製造抗體對抗外來物的侵入。如果你不知道應該去找醫生還是靈媒來治療身體不適，那麼先思考此刻的不適是否有跡可循。因為姿勢不正確或受到撞擊所產生的身體不適，我們不在本文章討論。但是如果你想要分辨自己是因為感染腸病毒還是「卡到陰」所引起的發燒，兩者之間還是有差異的。通常病毒引起的發燒只要吃退燒藥就能見效，但「卡到陰」引起的發燒，無論你用什麼方法，都無法得到緩解，特別是在發燒時，總是覺得有人在耳邊說話。這在以前有關附身的文章中提過，大部分的附身並不是直接進入你的身體，而是期望用自己的聲音取代你的意識，進而達到操控你的目的。靈體不需要進入你的身體，它們只要持續侵入你的能量振動範圍內就能讓你發燒。這也是為什麼在意識薄弱的發燒狀態下，人們比較容易聽到一些外來聲音。這時，用靈性的方式來療癒，可能會有較好的效果。

當然，很多人覺得如果自己因為「卡陰」而生病，似乎什麼事都不能做，只能任由靈體擺佈，但其實不然。與其總是等到生病時才亂投醫，更好的方法是在身體狀況良好時就學習成為一個心智強壯的人。這也是為什麼愛自己很重要，因為它是穩定自我能場的基礎。訓練你的靈性肌肉就像平時運動健身一樣，一旦身體強壯，自然不容易生病，對於任何外來物入侵也會有較強的抵抗力。

但如果在不得已的情況下還是遇到卡陰的問題該怎麼辦？其實跟生病的原理

一樣，各位只要給自己三天左右的休息時間就會好轉。為什麼是三天呢？通常那些怨念很強的惡靈都有一個所謂的「基地」，這些「基地」就是他們的怨念附著的物件或地方。大部分的情況下，可能是你不小心侵犯了他們的能場，或者撿回了他們的怨念附著的物件。怨念本身不會單獨存在，往往需要附著點。附著點雖然可以被更換，但機率微乎其微，因為怨念附著在任何事物上時，該物件通常與惡靈本身有某種程度上的連繫。因此，惡靈通常不會離開附著點太久，因為一旦離開太久，他們的力量也會隨之消退，所以通常最多三天左右的時間，他們就必須再回到原附著點的基地上。這也是為什麼你感到痛苦的過程通常只有三天左右。

那是否表示在這三天裡你都會感到非常痛苦呢？其實，你的身體感受最糟的通常是能量被攻擊的第一天。如果能熬過第一天，之後的二、三天一定會比第一天舒緩許多。一般來看，大部分的人在第二天之後就會感覺舒適很多了。所以第一天如果能讓自己深深地睡去，就這麼做吧！儘量減少起床活動的機會，避免腦子不清楚時受到外來聲音干擾而做出傻事。

因外靈侵犯而感到不適的速度通常非常快，如果許多病毒有至少三天到一週的潛伏期，那麼受到外靈侵犯的不適感幾乎是立即的，或者最慢二十四小時之內就會發生，這取決於個人的敏感度。也就是說，你可以回推約二十四小時內的行程，或者在這段時間內拿了什麼東西，買了什麼物品等等，都是你可以思考的方向。人們大多是有感知的，就算不能明確地指出是什麼地方與物品，也多半會有「可能是〇〇〇」的感應。

我曾說過，任何地球元素都有儲存記憶的能力，舉凡金木水火土等材質，都有這樣的功效。許多人喜歡到馬雅遺址拿一顆石頭回家做紀念，或者在遺址上刻個名字留念，但在我去過的馬雅遺址裡，有些馬雅文化使用的是黑魔法。黑魔法與普通魔法的不同在於咒術被破壞後的反噬力。通常只需要一個簡單動作，就可以破壞原本的防護罩或結界，正常魔法可能只會被破壞，但黑魔法則會將被破壞的咒術轉移到被移除的石頭上，又或者會反向攻擊破壞者。有時候只是不小心踏入禁區，可能也會有身體不適的感覺。正常情況下，只要把不小心撿回來的東西丟掉，你應該會立刻感到舒服許多。但若因不小心侵犯他人領域而發燒，差不多三天的時間即可自行好轉。

接下來，你只需要好好照顧自己，也可以點淨香幫助自己清理空間的能場，或者是口唸大悲咒來為自己設立結界。平時如果自己的能場夠穩定，這種不適感應該是微乎其微或十分短暫的。如果睡眠無法幫你消除那些聲音，做些運動或看些能轉移注意力的連續劇都是不錯的選擇喔。

癌症

對應頻道257集

這篇文章想要與各位分享我這些年來觀察「癌症」的看法。記得，如果你的身體有任何的問題，請你們去尋找專業醫生的協助。我之所以分享，只是希望以靈媒的視角，提供專業醫療以外的輔助。

前文提到，在我僅有的認知裡，我將所有的疾病統歸為三大類。除了由外力產生的身體疾病，以及靈魂一出生就帶來的靈魂疾病之外，還有因為情緒堵塞所衍生的心理（情緒）疾病。而在我的觀念中，癌症就是最經典的情緒疾病，也就是你的心受傷了，以致於你的身體跟著生病了。當然，情緒不只侷限於負面的情緒，也包括任何正面的情緒。在這篇文章裡，我希望進一步做出大致上的歸類，讓各位的概念更清楚。

我曾說過：身體只是靈魂的工具，它只是反映出靈魂的任何設定。無論在你的觀念裡是殘缺的還是不完美的身體，它絕對都是幫助你達成人生目的的最好工具。因此，一個人的身體會依照靈魂的設定來做出相對的反應。在正常的情況下，身體裡的能量應該是暢行無阻的，往往是因為某種情況才會導致能量受阻。一般來說，如果靈魂的能量因為長期壓抑而產生阻礙的話，那麼身體為了反映出那股受阻的能量，又或者是為了保護內在感到受傷的能量，自然而然地會發展出腫瘤。

如各位所知，在宇宙凡事都是一體兩面的前提之下，人的身體裡面不單單只有好的細胞，也一直都存在著癌細胞。在彼此不失去平衡的狀態下，人們會覺得自己的身體是健康的。一旦失去平衡，也就是當我們的能量不斷受阻的時候，那麼我們身體裡的癌細胞會自然而然地朝著受阻的方向移動，來反映出靈魂的體驗。為什麼有這樣的運作方式？這其實跟快樂與哀傷共存的道理是一樣的。單獨存在的快樂本身是沒有意義的，得要有快樂才能感受到哀傷，以及感受過哀傷才能夠真正地享受快樂。

人類所感受到的各種情緒，可以幫助我們真實地體驗人生。透過情緒交流，我們可以感受什麼是適合自己的，什麼又是不適合的，進而慢慢地將自己調整到正確的軌道之上。所以如果各位理解腫瘤是種堵塞的能量的話，那麼將它們對應在各個器官所掌控的情緒上，你或許就可以理解為什麼腫瘤會在特定的器官生成。

在中醫裡，人的五臟六腑所對應的正是人的七情六欲，也正是我們的情緒。在此，我們先看看人體器官與情緒的對應：

心臟＝喜悅、脾臟＝擔憂、肺＝哀傷、腎＝恐懼、胰臟＝快樂。

在這裡，喜悅（Joy）與快樂（Happiness）顯然是不同的，但基本上，如果你無法消化或吸收以上的任何情緒，都很可能會在對應的器官上產生疾病。

近年來，我身旁有不少人受到胰臟癌之苦，在他們身上，我發現到的共同點是他們都不知道如何享受真正的快樂，即便置身在一個快樂的環境裡，他們總是與四周有種格格不入的感覺。但你們知道，胰臟所製造出來的胰島素其實可以幫助我們分解以及消化醣類，而醣類對人體產生的感覺與快樂所製造出來的感覺是相似的，這也是為什麼人們在哀傷的時候總是會渴望甜食。

而胃所對應的則是「陳年往事（Old Stuff）」，我個人的理解是「那些無法放手的過去」。若一個人總是執著在過去發生的事，遲遲無法朝著未來的方向前進的話，他們的胃就比較容易出問題。

還有最常被問到的是子宮肌瘤，在男生身上應該就對應到攝護腺癌。子宮是孕育生命的地方，就如同男性的攝護腺是維持精子活力的地方，所以它跟每個人的個人價值有很大的關係。

還有人好奇腦瘤是否也是情緒疾病的一種？其實大家只要知道任何能量的堵塞都會讓身體產生腫瘤的話，那麼腦瘤的產生就極有可能源自於過度思考分析的習慣。

此外，食道癌大多是因為長期無法表達出內在情緒所產生的堵塞。骨癌則是生命感覺不到支撐所延伸的疾病。

記得，我們這篇文章不是為了解決任何的癌症問題，只是讓各位對癌症的形成有個概念。

我曾說過，療癒自己最好的方法，就是先花點時間去了解自己的身體，這是因為靈魂具有獨立個體性，每個人處理情緒的方式各有不同。我們可以在還沒有生病時就對自己的身體多一點了解，一旦感受到阻塞的時候就可以開始尋找解決辦法，而不是總是等到它在身體形成疾病之後才來醫治。特別是現在的資訊發達，我相信各位可以從網路上找到許多相關對應的資料。

當然，情緒的堵塞不單單只會延伸成為癌症，它也會有不同方式的顯相，只不過我們這篇文章單純就癌症來做討論。如果你在自己或別人身上發現癌症的話，那麼除了尋求專業醫療的協助之外，最好的方法就是先去了解自己，觀察自己身上是否有上述情緒堵塞的問題。這可以幫助你們下次在面對該種情緒的時候，可以好好地觀察自己用什麼方式來處理這樣的情緒。有些人會選擇大吃大喝，有些人則習慣將自己藏在黑洞裡自行消化，無論你選擇用什麼方法，當你可以很坦然地面對自己的種種情緒時，你才能夠找到解決的辦法。

總結來說，如果各位能夠理解癌症是由情緒所產生的疾病，那麼最好的方法就是去正視這些情緒，觀察自己是否有逃避以及不想去面對的傾向。如果有的話，那麼你所要做的便是盡可能地去處理那些自己真正害怕的事。這除了可以幫助自己身體內的能量自然流動之外，也能夠幫助你增長靈魂的肌肉。

這世界上，有許多發現自己得了癌症，就決定完全翻轉自己的人生，進而在不知不覺中治癒癌症的案例。我知道要求各位去面對自己的恐懼是件說起來簡單但執行起來非常困難的事，但想想看，靈魂為什麼要安排這麼充滿恐懼的一生，難道真的只是為了讓自己來受苦受難，搞到最後全身遭受癌症之苦而死去的結果嗎？當然，預防勝於治療，可是今天如果你都已經生病了，不如就**花點時間去思考自己不**

能吸收與消化的情緒究竟是什麼。

如果不能感受快樂的感覺，那就試著去理解快樂究竟是什麼。如果感受不到愛，那就先試著從表達內心的愛開始，如果你知道癌症之所以產生是因為能量堵塞的緣故，那麼你所要做的便是讓這些能量可以自然地流露出來，當你的靈魂在能量流動的情況下，身體自然沒有形成腫瘤的必要。改變雖然不會立刻發生，但往往透過三到六個月左右的努力，就多少可以看到一點改善，給各位參考喔。

悲劇化人格

對應頻道258集

這篇文章想要與各位討論一個與疾病有很大關係的名詞：悲劇化人格。相信各位一定有注意到，我們身上有許多的疾病都與情緒有很大的關係，這源自於靈魂在鋪陳人生藍圖投胎時，情緒是幫助我們做各方面調整的準則。因為有了情緒，我們才知道什麼是好的，什麼是不好的，什麼是我們要的，而什麼是我們不想要的。藉由這樣的感覺，我們會慢慢地調整到最適合自己的軌道。要是沒有情緒的話，我們就會很難去分辨所謂的是非對錯。你也會發現，在本書我們所討論的疾病，大部分都與情緒有很大的關係。

之所以提到「悲劇化人格」，是因為它關係到我接下來想與討論的「急性恐慌症」，所以在此先做個說明。許多人認為，悲劇化人格是女性才會有的行為，其實不然，我從過去的諮詢經驗發現，無論男女老少都有某種程度的悲劇化人格，只不過各自處理情緒的反應不一樣。女性可能會選擇用哭泣的方式來表達，男性則會選擇比較有攻擊性的憤怒來抒發。

舉例來説，女性感覺到被另一半攻擊時，很容易用哭泣來表達自己的情緒，特別是當另一半表現出讓她們覺得自己不是好伴侶時，她們的眼淚往往會伴隨著她們的情緒產生，所以在那個當下，她們會讓自己看起來像個悲劇主角一樣。由於「悲劇」二字常常伴隨著「眼淚」，這也是為什麼大部分的人會誤解「悲劇化人格」是女性專屬的行為。

不過，所謂的「悲劇化人格」並不只侷限在愛哭的人身上，它是一種會在任何情境下將自己擺在受害者位置的行為，不管所謂的「加害者」是來自於另一半、家人、公司、政府或是國家社會等等。與女性習慣用眼淚來表達情緒的行為相反，男性受到攻擊時的第一個反應是反抗。就好比老婆的一句抱怨讓他們在腦子裡形成「我不是一個好老公」的感覺時，他們雖然在那個當下感到難過，卻不會選擇用哭泣來表達自己的情緒，往往是會選擇辯解或是攻擊對方，來讓自己覺得好過一點。

我要說的重點是，悲劇化人格不是取決於你用什麼方法來表達自己的情緒，而是你的腦子會自動形成「這全都是我的錯」、「全世界最糟的事都被我遇上」這般的受害者人格。有這種人格的人總是可以在任何環境下找出最糟的位置、最無能為力的條件以及最無法改變的現狀。就好比在全家團圓的聚會中，他會去注意自己被對待的方式哪裡出了錯，或者注意到一些不經意的細節來突顯自己的格格不入。可能是大家為他舉辦了一場生日派對，但是他會一直著重在自己年紀多大、不再年輕的事實之上，又或者是自己這一陣子都經歷了什麼樣悲情的事件，而在派對中一直呈現鬱鬱寡歡的模樣。有些人則會在表達雄心壯志的時候，不斷地將重點擺在社會環境給他的種種限制，又或者是資金不足導致自己的無能為力等等。反正有悲劇化人格的人在任何情境下，往往只會注意到自己沒有的、做不到的，鮮少去珍惜或是利用自己真正擁有的資源。

不過，我們了解悲劇化人格的行為模式，並不是要各位去指出誰有悲劇化人格，而是希望各位可藉此反省自己是否也有同樣的傾向與類似的行為。因為我們得要有辦法找到自己的問題在哪，才可以實際地解決問題，也才有機會讓自己從悲劇主角的身分跳脫出來。

之所以要這麼做的原因是，大部分的我們都想要追逐自己的夢想，朝著理想的生活方向前進，以達到我們的人生目的，並活出真正的自己。但這樣的生活模式是不可能由一個悲劇主角來創造的。悲劇化人格的個性會讓你深陷在苦情主角的劇情裡面，愈是難過，宇宙就愈是會產生更多可以讓你難過的事。所以如果各位想要創造出幸福美滿的未來，那麼第一個要學習的便是放下悲劇化人格的特質。

我曾說過，你是你宇宙的中心，你的意念會創造出你的實相。今天你對自己的角色設定會完全地反映在你的未來生活。所以如果真心想要讓自己成為未來那個理想的版本，那麼你從現在開始就必須**注意自己在什麼樣的狀況下，或是什麼樣的情緒下，會讓自己成為一個悲劇受害者？一旦捕捉到這個模式，你就要試著放下這樣的觀念與行為，在當下用另一個身分或句子去取代那個「悲劇化人格」的信念。**這樣的行為模式往往需要一段時間的覺知與糾正之後才會得到改善。

悲劇再怎麼演，都只會是悲劇。想要有不一樣的結果，就必須有不一樣的行為產生才行。凡事都是需要練習的，一旦你讓自己養成糾正它的習慣，那麼改變就是遲早的事。只要記得，悲劇化人格是無論男女老少都會有的傾向，只是每個人的深淺程度不同，反應出來的方法也都不一樣，它既可以是消極（哀傷）的，也可以是積極（憤怒）的呈現方式。花一點時間自我反省，你才有辦法理解自己為什麼還無法得到自己想要的，也可以藉由改善這樣的行為去創造出更美好的未來喔。

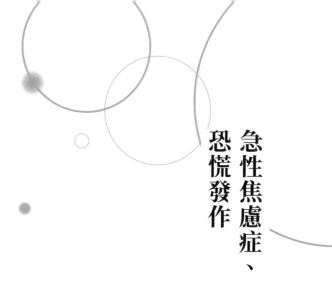

急性焦慮症、恐慌發作

對應頻道 259 集

這篇文章想要與各位討論一個我在國外才學到的詞彙：Panic Attacks（急性焦慮症、驚恐發作）。通常這類患者會有莫名其妙或是反覆出現的恐慌感，身體會產生緊張反應，如呼吸急促、發冷、全身緊繃，或是覺得自己快要死了。因為這樣的身體反應通常很隨機且突然，沒有固定的模式可循，所以會用「急性」或「Attack」來解釋這樣的生理狀態。不過，這篇文章不是要討論它的醫學定義，而是以靈媒的視角與各位分享它可能的成因。

對我來說，急性焦慮症就是一種基本的身體反應，也就是當人們面對讓他們不知所措或不知道該如何解決的事情時，他們的身體會以這樣的反應來應對。我相信每個人在恐慌發作時的反應各有不同，所以我只能依照自己親身的體驗來與各位分享。

它的體感很像心臟病發作，感覺好像有個人緊緊地掐住我的心臟。我會感覺到心臟像被針刺般的痛，整個呼吸道緊縮，導致氧氣很難進入。我越是用力就越吸不到空氣，最後會有種快要窒息的頭暈目眩感。緊接著可能因為缺氧，開始感覺四肢無力，然後昏倒。

有一陣子，我的恐慌發作次數很頻繁，加上我有心臟病與高血壓的家族病史，為了確保我沒有任何潛在疾病，家庭醫生為我做了一系列的身體檢查。這些檢查報告往往顯示我沒有任何異常。於是，我開始好奇並研究急性焦慮症的成因，這才慢慢地發現急性焦慮症與悲劇化人格有很大的關係。

各位如果有特別注意的話，應該會發現每次恐慌症發作時，都有種惶恐得不知所措的感覺。隨著這樣的感覺不斷地在心裡發酵，身體也會跟著產生一連串的反應。很多人說這是一種心理影響生理、想像出來的反應，但我以過來人的身分來分享，它或許的確是一種心理影響生理的反應，但產生的體感卻是真實的。所以，如果你或身旁的人有這樣的感覺時，千萬不要以為他們在開玩笑或小題大作、過度反應，因為它極有可能造成真正的暈眩，就如同我當時真實地感覺到缺氧，不論我的理智有多麼努力地想把氧氣吸入自己的肺裡。

之所以說急性焦慮與悲劇性人格有很大的關聯，是因為擁有悲劇化人格的人總是能在任何情境下把自己變成悲劇主角。他們認為自己不受上天眷顧，腦子裡最常出現的句子是「我做不到」，或是「幸運的事不會降臨在我身上」。由於腦子裡已經設定自己無能為力，以致於這種無能為力的情緒會在他們內心不斷發酵，進而發展出「我什麼都做不了」的行為模式。雖然同樣是「無能為力感」所造成的身體反應，但帕金森症的無能為力感大多來自於長期的事件，而急性焦慮大多來自於突發性且衝擊力較大的事件。這部分我們會在之後的文章講到。

急性焦慮發作時可以很嚴重，像是整個身體都當機，應有的功能全都無法正常運作。有極少數的案例甚至會因為急性焦慮發作而喪生。但是如我之前所說，我們的身體只是我們靈魂的工具，如果了解這個原理，就可以從觀察急性焦慮發作的反應來斷定這是一種心理疾病，也就是由情緒引發的疾病。由於無法處理及掌控當下的情緒，身體會選擇用當機來回應（很像人們遇到重大衝擊時，靈魂會急速跳離身體一樣）。悲劇化人格在面對不想處理的問題時，往往會放大自己的受害者情境，讓身旁的人可以把所有焦點從問題轉移至他們身上。同樣的，急性焦慮症會選擇用當機的方式來逃避當下應該處理或面對的問題。如果那個當下是與另一半爭吵，那麼則是藉由身體的極端反應，期望能因此得到對方的同情，放棄與自己爭執。

所以，如果你也有恐慌發作，那就花一點時間去反省自己是否有某種程度的悲劇化人格。一旦發現自己有這種模式，你才有辦法讓自己學會放下悲劇化人格，而不是讓自己一直深陷在「為什麼會有這種身體反應」的困境中。解除自己的悲劇化人格，你可以從日常生活中慢慢改進，而不是總是等到恐慌發作時再來想該怎麼辦。通常隨著慢慢克服內心那個真正的問題，恐慌發作的機率也會相對減少。悲劇化人格通常有種無能為力的感覺，這可以是你觀察自己日常生活時很好的方向。**只要每次這種「我什麼都做不了」的感覺浮現時，你可以換個角度思考自己究竟可以做些什麼來改變現狀，並付諸行動實際改變。**當現實生活中累積足夠的「我可以」的證據，那麼內在的悲劇化人格自然會被削減，急性焦慮自然沒有再發作的必要。

急性焦慮屬於身心靈三大類疾病裡的心理疾病，也就是你的情緒生病了。雖然不是每個人都會體驗到，但如果內在有悲劇化人格，發生在你身上的機率可能會相對大很多。今天我以過來人的身分分享，它其實是一個可以被完全改善的疾病，主要是花點時間往內探索，尋找讓自己感到不安的源頭，並正面處理它。我個人覺得第一要件就是先放下內心那種無能為力及「我什麼都做不了」的感覺。你只要知道一點，自覺無能為力的人無法創造自己想要的生活。既然每個人都有能力可以創造任何的實相，那麼是不是更應該正視內心那些被深藏或被遺忘的情緒，才有辦法慢慢地把自己的力量找回來呢？

當然，這樣的事情可能不是發生在你身上，而是在你認識的人身上，這時又該怎麼處理？我覺得如果你以第三者的立場了解恐慌症的原因，那麼在當下應該先暫停那件讓對方產生急性焦慮的事（可能是爭吵、一場辯論，又或者什麼事都沒有發生）。這時候你可以幫助對方調整呼吸，並給予鼓勵，讓他知道自己有能力克服這樣的生理反應，協助他脫離悲劇性人格的環境。隨著對方慢慢找回自己的力量，他的恐慌症狀也會得到緩解。不過，最終應該做的是找到生命中的力量，克服那些覺得自己什麼都做不了的事，這些事應該是在日常中就可以著手，而不是等到發作時才來想辦法。身為旁觀者的你，與其期望有恐慌焦慮的人自己找到方法，更好的是協助對方一起尋找解決辦法喔。給各位參考。

心臟疾病

對應頻道 260 集

這篇文章想與各位討論「心臟」疾病，它是由情緒延伸出來的疾病。我在之前的文章曾經提過，一個人的身體會依照它的靈魂設定來做反應，如果靈魂感受到能量的阻塞，那麼身體就會依照那樣的感受而反應出實質的疾病。我把所有的疾病歸類為身心靈三大類，其中的心理疾病在我的觀念裡就是由情緒延伸出來的疾病。之所以把「心臟」

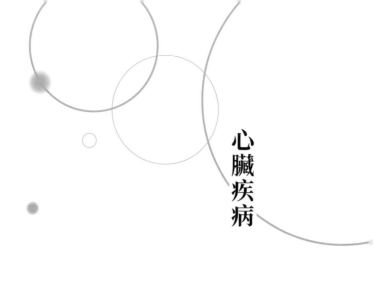

獨立為一篇文章，是因為我們的內臟所對應的是各自不一樣的情緒，未來有機會再與各位做更詳細的討論。

由於家族有心臟相關病史的緣故，所以我花了許多時間研究心臟疾病，也好幾度懷疑自己可能有遺傳性的心臟疾病。多年觀察下來，我發現任何心臟疾病其實都是很標準的情緒疾病。相信各位應該有發現，今日無論你感受到什麼樣的情緒，你的心臟一定都會跟著做出反應。

心臟像是一個情緒的管控中心，掌管著你所有情緒的輸出與輸入。許多事情透過我們用心去感受之後，可以決定我們的情緒到底要如何表達。就好比在面對自己喜歡或是厭惡的人事物的時候，我們的心可以感受到的不單單只有喜歡，還有哀傷、痛苦、糾結……等各種情緒，這就是為什麼我說心臟疾病與人的情緒有很大的關係。

在我年少無知的時候，覺得只有毫無情感的人才會得心臟病（像是一種報應一樣），這可能跟我對父親的偏見有關。但透過這麼多年的諮詢，我發現，通常容易得到心臟疾病的人幾乎都有以下特質：

1. 他們可能本身就是一個共感較強的人，所以也比較容易感受到他人的喜怒哀樂。如果在這樣的情況下，他們無法為自己找到一個抒發情緒的管道的話，那麼他們所感受到的能量就會堆積在胸口處，然後慢慢地形成一種疾病。

2. 他們傾向壓抑自己的情緒。也就是說，即便他們對某件事有很強烈的感覺，但是他們透過邏輯告訴自己是無感的，進而不讓任何情緒表現出來。而這樣的行為往往會先讓他們有胸口悶悶的感覺，進而到胸口疼痛、收縮，又或者血路不通的感覺。

我們都知道，「心臟」是負責傳送所有血液的工具，也等同於傳送靈魂所需要的所有能量。所以試想，如果你今天一直告訴它不需要去感覺，也就是否定它本身功能的話，那麼它自然會出現問題。我曾說過，身心靈對一個靈魂來說是很重要的投胎因素，除了靈魂與身體上的需求之外，心理上的情緒掌控也是很重要的。一旦人們可以從這三者中取得適當的平衡，就能夠找到維持健康的方法。

因此，心臟疾病被我分成兩大導因，一是感覺得太多，但釋放得太少；二是完全說服自己不要去感覺，或是過度壓抑情緒。靈魂是具有意識與情緒的存在，藉由身體的感受，我們的感官會比在靈魂狀態下還要來得敏銳，所以當你在面對所有情緒與感覺的時候，與其壓抑或是否定它，最好的方法是去正視、了解並感受它。去思考自己為什麼會有這樣的感覺，又該如何去紓解這樣的情緒。如果這樣的情緒不是自己想要的，那麼你又可以做什麼去排解它，以及避免未來發生這樣的疾病。

此外，有些人好奇在面對有心臟疾病的人該怎麼辦？我個人覺得在面對任何疾病的時候，很容易會陷入「我不知道能為對方做什麼」的無能為力感。但我希望各位花一點時間理解，我們靈魂之所以投胎，是為了讓自己成為更好的靈魂。所以你「要什麼、是什麼、又想成為什麼」對靈魂的發展是很重要的基礎。如果你了解這個道理的話，就會知道今天你的身體，無論高矮胖瘦，又或者是有所殘缺，全都是你在還沒有投胎以前精心計畫出來的，是最完美也最適合你用來克服人生功課與達到目的的安排。這也是為什麼學會愛自己會是靈魂進化的基礎，而不是老是拿自己與他人做比較。特別是在靈魂具備獨立個體性的前提上，即便再相似的人也會有全然不一樣的功課。

一旦了解靈魂的整個鋪陳，也知道身體上的疾病所反映的只是內在靈魂設定的話，那麼就可以在平常多花一點時間去正視以及處理自己的感覺，而不是讓它形成堵塞或壓抑的存在。每天只要花三十秒的時間與自己對話，稍微對自己的情緒產生覺知並做適當的調整，你自然會慢慢地感受到胸口那股不舒服的感覺得到舒緩。而不是總是要到真的生了場大病，才來臨時抱佛腳。既然心是掌管情緒的器官，那麼就學著讓情緒自然地流動吧，想哭就哭，想笑就笑，這才是情緒最應該有的模樣喔。

精神病的背景概括

★

對應頻道 261 集

對我來說，精神疾病涵蓋的層面很廣，包括多重人格、思覺失調症、邊緣型人格障礙或是雙相情緒障礙等等，都可以包含在精神疾病的種類當中。當然，在這篇文章裡，我無法詳細說明，只能依照這個類別做簡單的概論及導因，稍微討論為什麼會產生精神疾病，以及什麼樣的人格會有這樣的傾向。

多年前，我曾經在電視新聞上看到一

段街頭訪問，主持人到溫哥華市中心一處有許多精神疾病患者聚集的地方做隨機採訪，了解有多少精神疾病患者未接受任何正規醫療。在訪問過程中，他接觸了各式各樣被社會歸類為精神疾病患者的人，有人對他破口大罵，也有些人會跟他描述自己看到的影像，例如耳邊有人在跟他說話，或者繪聲繪影地描述身旁有誰跟著他……。這段新聞的總結是：社會上其實有許多精神疾病患者需要被送到精神病院，而不是任由他們在街頭遊蕩，增加社會的負擔與自殺率。

這雖然只是一段簡單的新聞報導，卻讓我留下深刻的印象。因為當我看到街頭的遊民告訴主持人說有人在耳邊說話時，我是真的可以看到有「人」站在他們的耳邊說話。當他們描述著有什麼人站在他們面前時，我也可以看到他們所形容的那個人長什麼樣子。在世俗的眼中，他們憑空幻想出來的存在，在靈媒的眼裡卻是真實的，他們不過是據實以報罷了。更讓我驚訝的是，這樣的比例竟佔了主持人所訪問的人數的三分之二！在這種情況下，他們是真的精神出了問題，還是過度依賴五感的我們看不到才是真正的問題？

也因為這個訪問，讓我更加好奇地去研究靈學與科學究竟該如何找到平衡點，才能夠真正讓醫療產生最大化的作用。再加上這麼多年來，家人、朋友與客戶都曾經歷某種精神疾病上的痛苦，更讓我想要為精神疾病找到答案。藉由這麼多年的觀察，我發現這些被醫學以不同疾病學名標註的精神病患者，都有某種相似的特質——他們都格外自卑。這些人往往無法對外界說出他們的自卑，所以大部分的時候會在腦子裡過度分析生活中的事件，反而加重他們原本就自卑的人格。這也使得他們的腦子與情緒無法達到共頻，反而有差異化愈來愈大的傾向，進而慢慢地分化發展成各種不同的精神疾病。

前文提到，從多年的諮詢案例中，我將所有疾病分成三大類以方便大家理解。第一是身體疾病，也就是身體經由外力或外來物的影響所產生的疾病。第二是靈魂疾病，這些大多是靈魂需要面對與克服的功課所衍生的疾病。第三是心理疾病，這往往是因為情緒過於飽和而與邏輯產生太大落差時所衍生的疾病，通常精神疾病都會被我歸類為心理疾病。

大部分的精神病患者都有自卑的內在，當他們面對情緒無法復原的情況時，很可能就會發病。因為這樣可以幫助他們不去面對當下需要處理的問題，也是他們放棄理智邏輯的主要原因。格外自卑的人會過度使用邏輯去分析他們所面對的問題，但在不敢處理的情況下，只會加深他們的自卑程度，使邏輯與情緒產生更大的落差。所以你可能會注意到，與他們對話時，他們要不是過度分析你說的話，就是不想聽任何用邏輯詮釋的話。

此外，我將精神疾病又細分成兩類，一是受到外力衝擊，無論是外在事件或自身受到某種程度的創傷，使得他們的情緒過度飽和而無法復原。在這種情況下，他們的理智很可能會斷線而產生失常的反應，這往往取決於他們的自信程度。如果一個自卑的人的理智已到達臨界點時，他們往往會在行為上出現拒聽或不想接受任何建議的舉動，也正因為他們的邏輯已達飽和，所以聽覺自然也是他們第一個選擇放棄的感官，因為他們的潛意識根本不想去面對當下需要處理的事情。這樣的行為往往可以從他們的日常生活習慣及行為觀察出端倪：他們大多有過度壓抑情緒或情緒過度飽和的失控感，在面對日常事物時，也很常會有無力感。其實這種無力感才是導致他們精神病發作的主要原因之一。通常人們只要學會多與自己相處，並時常鼓勵自己，那麼這種輕易崩潰的情況自然會好轉。

當然，這不僅僅是針對精神病患者，其實我們每個人都會經歷精神瀕臨崩潰的狀況。只不過，大部分的人在平常就懂得多照顧自己，所以情緒比較容易歸位，不太容易走到讓自己失控的地步。因為一個習慣愛自己的人會不自覺地連結自己的感官與高我，進而了解宇宙間的所有安排都有它最好的出路，也有足夠的信心相信最後一切都會沒事。所以即便在遇到讓人崩潰的時刻，也會懂得先讓自己從事件中抽離，或是先給自己一點喘息的空間。在這種信心的安撫下，讓人即使慌亂也有種莫名的安心感，不會因為幾度面臨情緒崩潰而發瘋。

這也是為什麼我常說：愛自己是最基本的功課。容易精神崩潰的人，其實平時就不太懂得照顧自己，總是過度在意他人的眼光，導致自己的自信心低落。在他們面對事物感到慌亂無助時，過度分析的理智不允許他們與高我連結。在這種振動影響下，自然更容易允許身旁的聲音來取代自己的聲音，就像是我之前所形容的「附身」一樣（註：不是靈體佔據了你的身體，而是你允許其它靈體的聲音來取代你的意識）。因為人們放棄了自己身體的主權，所以在無能為力的情況下，自然會相信任何人都比自己強大，所以才會退出自己的角色，允許其它的聲音來取代自己的意識。這也是為什麼你會發現許多人在精神崩潰之前都會覺得有人在對他們說話。在少數的情況下，人們不會聽到其它靈體的聲音，但會讓前世記憶幫助自己處理當下的問題，也就是說這輩子膽小懦弱的性格，可能會允許某一輩子曾經是武士的自己上身，來應對當下面臨的崩潰狀況，由那個身分來主導自己的身體，這就是各位所知道的「多重人格」。

其實透過多年的觀察，雖然所有精神疾病的發病點與病情各有不同，但對我來說，都是由於情緒過度飽和與失控所產生的疾病。這樣的疾病常常發生在格外自卑的人身上。通常在面對這樣的客戶時，我必須找到他們那個格外自卑的靈魂究竟躲在哪裡，再藉由誘導的方式將他們從黑洞裡拉出來，慢慢地幫助他們建立自信。特別是在了解他們在現實生活中究竟想要逃避什麼時，我會逐步引導他們去處理那件事。通常在他們願意面對之後，自然可以看到他們的行為有顯著的改善。

如果你認識的人也受到精神疾病之苦，我知道與他們相處或許是件很困難的事情，因為在你的邏輯裡，他們所承受的痛苦可能被視為不真實的存在，但對他們而言卻是再真實不過的實際感受。如果你知道他們都有一個格外自卑的靈魂，那麼你要做的是先找到那個自卑點在哪裡，以及受到什麼樣的衝擊導致他們的理智放棄這個身體。一旦找到原因，再慢慢引導他們走出來。隨著他們自信的增加，你會看到他們的病情改善。記住，要引導缺乏安全感的靈魂走出來，設立一個安全的環境至關重要，就像是幫助一隻長期遭受虐待的小動物走出陰影一樣。一味地逼迫他們變得正常，可能會產生反效果，但溫柔的陪伴（不是盲目地附和）可能更能讓他們感到安心。如果他們對未知感到恐懼並加深了內在的無力感，你也可以引導他們去處理那個問題。一旦他們的信心開始建立，你自然可以從他們身上看到改善喔。

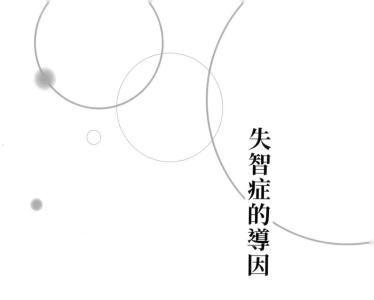

失智症的導因

對應頻道 267 集

這篇文章要討論失智症（Alzheimer）的導因。失智症基本上就是一個人慢慢地失去記憶，直到他什麼都記不起來的疾病。我希望透過這個章節來跟各位分享我目前的一些觀察與感想。

我將失智症的導因分為兩大類。第一，因為重大事故的衝擊，使得人們選擇放棄記憶。第二，當人們過度壓抑某種情緒，導致他們的腦部記憶過度飽和時，也很有可能會有失智的傾向。這篇文章會單就這兩個分類稍微與各位解析。

我曾說過，身體會依照靈魂的設定來做反應。如果你的靈魂並不想要記住一些事，那麼你的身體自然會依照這樣的設定來做出反應。首先，我們很容易理解當人們遇到重大事件的衝擊時，在精神崩潰的高壓狀態下會產生短暫失憶，但卻難以理解也無法解釋一個人在沒有任何壓力的情況下，為什麼也會有失憶的現象。

其實每個人的內心都有不一樣的掙扎，不是任何人可以藉由主觀意識來評斷的。有很多人習慣性地把所有的情緒往內積壓，無論是委屈、難過、痛苦還是無力感……有些人甚至會把別人的煩惱當成自己的，而這樣的人往往最有可能得到失智症。因為他們的日常生活裡並沒有抒發情緒的管道，導致他們的情緒與記憶體很容易飽和，連帶著讓他們的潛意識產生「我不想要記住這些體驗與感覺」或是當機的設定，於是身體就跟著產生失智的反應。就好像長期不休眠的電腦容易當機一樣，一個總是處於記憶體飽和狀態，但又一直被強迫儲存的靈魂自然也會想要罷工。這種當機過程，往往先從最傷記憶體的事件開始當掉，然後是人生中的大事件，再逐漸擴散到生活瑣事……整個過程就像是電腦先是一個程式跑不動，到最後變成連最不耗記憶體的程式也跑不動。

這也是為什麼平衡自身的能量對於失智症來說是很重要的關鍵。如果一個人可以在平時就學會釋放自己的情緒，或者是習慣定時關機／重設的話，就不會讓自己一直處在記憶體過度飽和的狀況。所以統整起來，失智症的兩大導因，一是來自於外在重大事故的衝擊所致，二則是長期壓抑的情緒所產生的「反彈」。但無論它究竟是因為什麼而發生，全都是**靈魂不想要記住而選擇放棄的結果**。

失智症的患者雖然什麼都可以忘掉，也不會因為人生中的事件感到痛苦，但是陪伴在側的親人卻是難過無比，所以我想要給各位一點小建議：該如何面對患有失智症的親人。在面對失智患者時，很多人會不斷地想要透過告訴他們過去的事件，或是重新演練過去的事件來幫助他們回復記憶。

雖然我們不知道患者的靈魂深處所壓抑的情緒是什麼，才會導致他的情緒過度飽和而選擇放棄記憶。但我很確定的是，即便他們的記憶消失，但大部分人的人格與喜惡偏好還是存在的，因為這些特質大多是透過累世的環境養成。就好像電腦即使當機，但是Mac還是Mac，Windows還是Windows，他們的零件並不會因為當機而改變。也就是說，雖然他們喪失了大部分的記憶，但是他們的本質不會改變。喜歡吃的東西還是喜歡（除非他們在擁有記憶時的喜歡全都是裝出來的），引起他們喜怒哀樂的事件也極有可能還是同樣的事件。所以與其不斷地想要他們重溫舊有的回憶，其實更好的方法是**創造新的回憶**：當你想起一件曾經擁有過的美好記憶時，你可以試著創造新的情境以製造相同的感覺。因為一個人就算忘了舊有的回憶，但靈魂自帶的性格與肌肉記憶是不會改變的。**藉由不同的情境去創造相同的感覺，可以幫助他們的靈魂不斷地重溫似曾相識的感受，加深靈魂的肌肉記憶。與其不斷地重複同樣的事，倒不如重新創造可以讓他們產生相同情緒的情境，更重要的是，也為你創造出新的記憶。**

此外，靈魂的記憶容量是無限的。在人們覺得自己的記憶力可能會隨著年齡增長而下降的情況下，會認為記住每一件事是不可能的。但是換一個角度來思考，靈魂可以記得你從有意識以來無數輪迴的所有事件，這表示即使此時此刻患有失智症的人，看似什麼都不記得，但是在靈魂的狀態下，他是清清楚楚地記錄著每一件在他身上發生的事。就算他的意識無法儲存，他的肌肉記憶卻一直在記錄著。你可以試著想想看，如果下輩子你們兩人再相見的時候，你希望他記住你什麼？在失智的狀態下，他雖然記不得兩人彼此間發生的事，但是他的肌肉記憶卻會永遠保存，就好像當你的手靠近的時候，他會反射性地用特定的方式握住你的手，又或者是當你擁抱他的時候，他也會用特定的方式回應你的擁抱。如果他什麼都記不住，那就讓他的肌肉記憶記住吧，讓他習慣你的觸碰與擁抱，或是特定的打招呼方式，這些全都是你們可以重溫或是重新創造的。

既然他在這一輩子選擇了失智，那自然表示在靈魂的狀態下，接下來的人生事件都沒有被記錄的必要。或許記得一切會讓他感到痛苦或者無法連結真實的感受，但無論是為什麼，靈魂所選擇的一切都是為了幫助人們在這一生中得到最好的體驗，即便在人的觀念裡面那不是最好的顯相。

這個世界上發生的所有事情，都必然有它存在的原因。一個人會失智，可能是他在人生裡學不會放下，所以只好強迫自己當機，去感受最真實最基本的互動。而且任何事情的發生都不單單只是當事人的功課，肯定也包含他身旁所有的人與之互動而產生的功課。有時候忘了，就不會一直糾結在不重要的小事上面，可以更真實地學著與人相處，也會更珍惜彼此相處的每一刻。重新創造彼此的回憶才是你應該著重的地方，而不是一直糾結在為什麼對方記不起自己是誰或曾經做過什麼。或許在彼此重新創造記憶的過程裡，你也會因此有所收穫。

最後讓我再次提醒，任何情緒只要過度積壓都會產生反彈。有些人被逼急了會暴走，有些人則會選擇當機，把什麼事都忘了。如果你意識到自己也有積壓情緒的行為，那麼趁自己精神狀態好的時候，試著去找到那個可以幫助你平衡的抒發管道，或是讓自己養成定期休眠／重設的習慣，而不是等到有一天發病了才悔不當初。失智症是一種心理疾病，多花點時間陪陪自己，關心一下自己所體驗的種種情緒，才是對失智症最有效的預防。記得，身體只是靈魂的工具，所以**不要讓自己活出一個想要把什麼事情都忘掉的人生喔。**

囤物症

對應頻道 268 集

其實在我多年的觀察下，我發現每個人都有某種程度的囤物症。它對我來說是一種明顯的心理疾病，也就是所謂的情緒疾病，往往跟人的內在狀態有很大的關係。在這篇文章中，我們要討論的不是輕微的囤物症，而是嚴重到已經造成居住環境上的困擾，甚至導致身旁的親朋好友不知道該如何相處的狀況。

囤物者的英文叫 Hoarder，也就是習慣性地囤積物品的人。從有收藏價值的物品到完全可以被歸類為廢物的垃圾，都可能是他們囤積的物品。由於種類繁多又數量龐大，往往會累積到一種完全失控的地步，導致連家門都進不去，也沒有睡覺的地方，在有些誇張的案例中，更是會找到寵物的屍體，或是滿地亂竄的老鼠。他們常造成同居者的困擾，恨不得將所有的東西全部清除乾淨。

人們在極度髒亂的環境下通常會覺得很不舒服，不是想要轉頭離開，就是有想要整理乾淨的衝動。但是對囤物者來說，整齊清潔的環境卻是非常不舒服的。他們習慣將自己埋在雜亂之中，這可以讓他們產生安全感，因為不會突顯出自己身上的不足之處。這也是為什麼當旁人在幫他們整理的時候，他們都會反射性地反抗，或是帶進更多的物品以填補被清理的空間。這種一清理好就馬上又被囤積物品的循環，通常是我的客戶們在面對囤物症家人時所遇到的最大難題。

每當我建議客戶不需要為他們的囤物症家人打掃時，他們總是一臉不可置信地質疑：「怎麼可以不幫他們打掃？」特別是生活空間已經因為囤積物產生極大困擾的時候。但就如同我不斷提醒各位的，一個人的內心問題，必須要在他們自己願意去處理時才有辦法得到長遠的改善，而不是用我們第三者的主觀意識來決定他們行為的好壞對錯，因為那往往會得到他們更大的反彈。在囤物者本身不願意去處理問題的情況下，你所整理的每一個空間都是他們覺得有義務再填滿的地方，到最後只會搞得你自己心累而已。

其實大部分有囤物症的患者都有自卑的內在，由於心裡感覺匱乏，又不認為自己有能力可以面對自卑的情緒，所以會習慣性地利用物品來填補這樣的匱乏感。當然，這種行為不只侷限在囤積物品之上，也可能是透過暴飲暴食或透過指責他人，來掩飾轉移這樣的情緒。

由於自卑、沒有辦法正視自己的情緒、又覺得自己無能為力，所以對他們來說最好的解決方法就是將自己隱藏起來。而這種「想把自己藏起來」的欲望，是顯化成囤物的主要原因。

我曾說過，我們的身體跟行為其實反映的就是我們內在靈魂的設定。囤物者在環境中所囤積的每一樣重要與不重要的物品，都代表他們內心某一種不想要面對的情緒。所以當你幫他們整理空間時，你所清理掉的，正好是他們明知道需要面對卻不想要處理的情緒。因此與其花時間幫他們整理空間，不如帶他們去看心理醫生，又或者是協助他們去理解那些情緒究竟是什麼。因為他們需要的是一種抒發的管道，或是有人可以協助他們面對和處理那些被埋藏起來的情緒。

此外，在面對這樣的人時，我會建議各位先重設他們腦子裡的設定。因為有囤物習慣的人，通常不太清楚自己的外在環境反映的是他們內在的情緒，所以你可以間接地灌輸他們這樣的觀念。就好比每每我打開我家兒女的房間，看到一屋子凌亂的景像時，我第一個反應便是問問我家兒女：「最近還好嗎？是不是有什麼煩心的事情困擾著你們？」小孩子的反應往往是：「沒有。你為什麼這麼問？」當他們這樣說的時候，我就會說：「你知道你的房間反映的是你現下的心理狀態嗎？」通常不用幾天的時間，他們就會主動將房間整理好。你可以引導他們去思考，他們所囤積的每一個物品所代表的內心情緒是什麼，又想要被什麼樣的感覺所取代，又或者是他們想要逃避的感覺究竟是什麼。通常當他們慢慢地建立這樣的理解之後，他們就會在看待環境的當下，開始反思自己的心理狀態。

但就如我文章前所提到的，我們每一個人都有某種程度的囤物症，無論是食物、衣服、鞋子、包包、筆記本、書籍等等，我們所囤積的物品其實都有某種層面上的意義，往往需要當事人自己去發掘。就拿有人喜歡囤積舊報紙來說好了，你拿到舊報紙後有什麼樣的感覺？有時候可能是一種收藏回憶的象徵，也可能是害怕遺忘的顯相。就像有人喜歡收集空盒子是因為可以用來包裝禮物，而有些人則是把它視為收藏回憶的象徵，所以物品本身對於當事人有什麼意義，其實是需要透過很多的溝通去慢慢挖掘的。一旦你可以理解那些物品背後所代表的意義，那麼你自然就可以理解人們為什麼會想要囤積特定物品，以及他們想要彌補的心靈感受是什麼。

不過，即便人們的腦子對這樣的認知有所理解，但是在斷捨離的時候，內心還是不免有所掙扎，往往需要不斷地練習才會愈來愈能夠連結內在的感受。如果是你身旁的人有這樣的囤物行為，那麼你可以做的便是陪他們練習，並鼓勵他們慢慢地建立自信。此外，在幫助他們重新設定時的語氣是非常重要的，盡可能讓自己就事論事，不要帶有任何攻擊性的語氣。因為有囤物行為的人本身就已經是自信心低落，所以對於他人帶有攻擊、批評性的語氣就更為敏感。如果你每次開口總是指責他們髒亂，反而更容易讓他們躲回那一團混亂之中。

記得，這是一段長遠的心理抗戰過程。無論囤物者是否有丟棄任何的東西，你都要試著繼續鼓勵他們，幫他們建立「你做得到」的自信。囤物者之所以有囤物的傾向，是因為他們強大的自卑感讓他們相信自己沒有辦法處理任何情緒，也沒有發洩的管道，所以才會透過堆積雜亂的物品來隱藏自己。你可以透過分享物品之於他們的意義，來幫助他們理解自己的情緒，也可以解釋當他們儲存了某樣物品之後所要滿足的是什麼樣的感覺。通常他們對於家裡整理出來的空間會有種慌亂感，想要找更多的東西來填補空位，就好像他們不知道該如何面對內心的匱乏一樣。這個時候，你可以引導他們去正視這樣的感覺，並學著與這樣的情緒相處，或者你可以教他們如何處理這樣的情緒。

但很多時候，他們並不需要任何人告訴他們該怎麼做，只是想要有種陪伴的感覺而已，就好比我們在崩潰的時候，只是想知道自己不是一個人的意思是一樣的。所以當他們有這種掙扎的感覺時，你也可以扮演一個陪伴者的角色，讓他們知道你會陪伴他們度過這一切。整理不需要總是大規模的，有時候就算是很細微的改變，也是朝著更好的方向前進的一小步。當他們做了一點細微的改變時，你可以引導他們去審視自己的內心是否更輕快了些，也可以適當地讚美他們。當囤物者慢慢地找回自己的力量之後，他們的外在環境也會跟著改善的。

總結來說，囤物症是一種心理疾病，需要人們協助他們去審視自己內心的情緒到底是什麼，並慢慢地引導他們找到面對與解決的辦法，而不是單純靠幫助他們整理空間就可以改善的。我其實相信，兩個人之間有互動就是彼此的功課，除了囤物症者本身之外，也是與之相處的家人的功課。去思考自己為什麼會因為他們的囤積行為而感到憤怒，因為這影射的通常是內心更深層的意義，朝這個方向去探索也可以幫助自己進步。

就好比我喜歡囤積外套與食物的習慣一樣，雖然我可以給自己許多合理的藉口，但在仔細鑽研後，我發現自己真正想要彌補的是兒時感覺不溫飽的匱乏感。了解自己的匱乏感之後，我再去建立許多可以讓自己感覺到溫暖的管道。當我慢慢地將囤物的行為與內在的匱乏分離之後，我囤積外套與食物的習慣也自然而然地得到改善。

這篇文章只是幫助各位對囤物症患者有較深一層的了解，無論是你自身還是認識的人，學著去正視與處理自己的情緒才是根治囤物症最好的方法喔。

帕金森氏症

對應頻道 270 集

文章開始前，再次提醒，有任何身心靈的疾病請尋求專業醫生的建議。本篇文章的分享只是希望提供各位在接受專業醫療下的額外輔助。

在這篇文章，我想要討論「帕金森症（Parkinson Disease）」。我個人把所有疾病分成身體、心理以及靈魂疾病三大類。身體上的疾病就是任何外力所產生的傷害，包括蚊蟲咬傷或病毒感染等，在我的認知裡都屬於身體上的疾病。而心理上的疾病則是由情緒所造成的疾病。靈魂疾病則是那些你可能一出生就有，或者是完全沒有辦法解釋與無法追溯源頭的疾病。

在過去的經驗中，我接觸過許多患有帕金森氏症的客戶，包括我的公公也是。在許多人分享的不同症狀裡，我注意到相同的模式與共通性。他們往往覺得自己需要做的事情很多，卻總是覺得自己無能為力或力不從心。通常在這樣的情況下，他們的內心會開始產生罪惡感，而這種罪惡感不一定是周遭的人可以理解的。在別人眼裡，他們或許做得很好也很成功，不能理解他們為什麼會有這樣的感覺，但那樣的感覺在他們的內心卻是真實存在的。

正因為每一個靈魂都有各自的功課和旅程，所以每個人的人生目的與內心的體驗自然會有所不同，並非能由任何人來評價。因此，無論患者的目標是什麼，一旦他們開始覺得無能為力，內心那種「我怎麼這麼沒用、我好像做什麼都做不好」的罪惡感自然也會跟著浮現。而這種由內在靈魂所產生的罪惡感，是導致他們的身體器官機能開始萎縮或是退化的主要原因。我曾說過，我們的身體只是靈魂的工具，它會回應靈魂的任何設定。也就是說，如果你的靈魂覺得自己是個強壯的人，那麼你的身體自然而然地會跟著變強壯。同樣地，如果今天你的靈魂覺得自己是一個脆弱的人，那麼你的身體自然而然會變得容易受傷和生病。由於那是一個從來沒有被正視的情緒，所以你的身體會理所當然地去回應你的靈魂所承受的感覺。

如果大家了解這個道理的話，就會發現大部分的帕金森氏症患者的第一個症狀都是先出現在雙手，無論是輕微的抖動或是痙攣似的顫抖，以致於他們漸漸地沒有辦法打理最基本的生活事務。這全都反映了他們的靈魂相信自己「做不到」或是「我無能為力」的設定。這些人的腦子裡往往有很多想做的事，可能是想要彌補一些人，或是想要照顧到所有的人，也可能是想要拯救世界……每一個得到帕金森氏症的人雖然都有各自想要達成的目標，但共通點是他們的內心都覺得自己根本沒有辦法或是沒有能力達到那樣的目標。那種無法做到的無力感會慢慢地導致他們的身體機能開始退化，而由於雙手是我們最常用來打理事情的部位，所以這樣的設定會最先反映在手上。而後可能會延伸至雙腿或是內臟器官。也就是說，「我做不到」的設定，會從他們生活中較困難的事件慢慢地延伸至最基本的生活功能，以對應他們腦子裡那句不斷重覆的句子：「我連最基本的事都做不到了，又怎麼有可能做到我想要的目標呢？」

在過去遇到不同的客戶中，我驚訝地發現他們的內心都有一種罪惡感不斷地在吞噬著他們。隨著他們的罪惡感不斷地擴大，反映在他們身體上的症狀也會愈來愈嚴重，甚至會影響他們的聽力、視力以及說話能力。這也是為什麼我說，在研究任何疾病時，最好的方法是去觀察其共通性。而面對疾病的最好方法，其實就是去正視與了解自己的內心究竟糾結著什麼樣的情緒以及感覺。

社會教育我們要隱藏自己的情緒，讓忙碌來轉移我們的注意力，很多時候我們會選擇逃避、用別的事物來取代，或者是佯裝它們不存在來做為解決事情的辦法。但其實讓靈魂正常發展下去的最好方法就是去正視自己的情緒，無論它是好的或是壞的。我曾說過：你愈是不想面對的問題，永遠會成為你下一個必須面對的問題，特別是那些壓抑的情緒遲早都會演化成為你的身體疾病的時候。如果你擁有自己不知道該如何處理的情緒時，身旁一定有許多可以幫助你研究出辦法的人們，而你要做的便是 reach out，幫助自己去找到答案。相信一百個人裡面總有一個人可以幫助你脫離困境，特別是在你有決心找到答案的前提下，宇宙一定會將解決的方法呈現到你的面前。如果你或是身旁的人正經歷帕金森氏症，不如透過這個機會去審視內心是否也有感到無能為力的罪惡感。

目前的醫學還沒有可以完全醫治帕金森氏症的辦法，只有延遲發作或是輕微改善的方法。但如果我們理解自己的身體只是反映內在靈魂設定的話，那麼在接受傳統醫療的同時，也可以注意一下自己的內心是否也有這種無能為力的感覺，並且正視它、處理它。若是真的覺得無能為力，是否可以試著表達出內心真正的情緒，並對外尋找解決與應對的辦法。當然，你也可以透過鏡子練習來說服自己是有能力可以做到的，但更重要的是，就算做不到也不需要勉強自己，而是學習透過外在資源來協助自己到達想要的目標。

我知道克服內心的恐懼是一門很大的功課，特別是當人生病的時候，意識總是比往常還要來得脆弱，所以如果平常就能夠學著保養自己的靈魂，懂得適當地停下腳步休息，而不是總是等到生病的時候亂投醫，或許才是最好的解決辦法喔。

面對憂鬱症

對應頻道 271 集

文章開始前，請讓我再提醒一次，本書所有關於醫學的文章都只是我個人的經驗與看法分享，並不是為了取代你們現有的醫療輔助，只是希望以靈媒的視角提供一個不同的觀點，讓你們更深入地了解現下所面對的疾病。

這篇文章主題是「如何應對憂鬱症」。

我之前討論過許多關於憂鬱症的主題，所以

在此就不再贅述，而是單純就我個人的經驗來分享自己當初如何走出憂鬱症。

憂鬱症和躁鬱症在我的觀念裡其實非常相似，只是表現的方式不同罷了。憂鬱症是以比較消極的方式呈現，而躁鬱症則是比較積極。我的一生中曾經患過兩次憂鬱症，最嚴重的時候曾經有試圖自殺的舉動。那是在我還未開始我的靈性旅程，並且真心覺得死亡是所有問題的出路的時候。所幸當時的我被不足歲的兒子給救了起來，雖然我至今還是無法解釋那一切究竟是如何發生的，但也只能暫且將其歸類為生命中的奇蹟之一。

在那之後，我被醫生診斷出患有憂鬱症並開了藥，但當時的我並不想要透過藥物走出憂鬱症，而是想靠自己的能力來擺脫這樣的疾病。所以我先是給自己設定一段時間，讓自己整天陷入忙碌當中，心想如果過了這段時間之後還是沒有什麼改善的話，那我再來吃藥也不遲。相信各位應該知道，憂鬱症和躁鬱症其實源自於過度思考，所以那個時候的我選擇種花來成為我忙碌和轉移注意力的重心，好讓自己沒有機會可以想太多。

那時的我只要一有時間就會去買花，然後再花一整天的時間種花、澆水，剩餘的時間則是讓煮飯、打掃以及照顧小孩等家事填滿。或許是因為每天都讓自己陷入忙碌當中，我漸漸地以為自己走出了憂鬱症。之後因為身旁的人紛紛地患有憂鬱症，讓我開啟了探索憂鬱症的靈性旅程，也對它有了更深一層的了解，開始明白它是一種由內在對話所產生的情緒疾病。

有人好奇憂鬱症藥物對人體是否會有很大的負面影響，我個人覺得這因人而異，因為每個人的生理與心理狀況對任何的藥物都有各自的反應，所以不能一概而論。但不管是不是憂鬱症藥物，我個人覺得任何藥物只要長期服用，又或者是對其產生依賴（無論是生理或是心理上）都是一種負面的影響。

我常覺得健康得要靈學和科學雙管齊下，才能獲得最大的療癒效果。身、心、靈各方位都照顧好，才稱得上是真正的健康。

在我開啟靈性旅程不久之後，我再次得了憂鬱症。那一次的憂鬱症雖然沒有任何自殺的傾向，但情況遠比第一次更嚴重。除了所有的感官都鈍化之外，我甚至連基本的感覺也沒有，無法做任何的決定，更是無法對任何事情產生反應，儼然像個活死人。很感謝當時身旁那些非常關心我的好朋友，總是每天定時打電話來提醒我該做什麼、吃什麼。如果我的腦子一片空白無法做出任何的決定，那麼他們就會替我安排一切。或許正是因為自己的腦子沒有辦法正常地運作以及思考，所以大部分情況下，我都是直接執行他們所提供的建議。除了運動、吃飯之外，有時候就連刷牙洗臉也是需要他們提醒。就這樣持續將近三個月的時間，雖然沒有服用任何的藥物，但藉由朋友每天的提醒而將自己的生活慢慢地恢復到正常的軌道。如果人的生活機能可以用0到100來衡量，而正常人的基本在70%左右的話，那麼一個月左右的我大概恢復到25%左右。其實在這個階段我已經開始理解憂鬱症是一種心理疾病，也由於靈性旅程所累積的知識與經驗，讓我在這個階段開始有了實踐的野心，想要研究出走出憂鬱症的真正方法。

接下來的日子，我堅持用之前的方法讓自己養成規律生活的習慣。若是食不知味的話，那麼我就會選擇比較健康的食物。與其一直賴在床上，我會強迫自己起來運動，反正這個時候的腦子還沒有辦法決定「想要做什麼」，那麼就先做那些該做的事。我覺得規律的生活是幫助自己重回軌道的最好方法。無論是第一次的我選擇種花，還是第二次的我選擇了規律的生活習慣，可以不用思考地去做某些事，是幫助憂鬱症初期走不出來的人們最好的方法。**在這段期間內，把那些可以提醒自己靈魂的字眼放置在隨處可見的位置也是很重要的**。因為在這個狀態下的你，可能會懷疑自己的存在價值，如果這個時候可以隨處放置一些提醒自己的標語，那就可以讓自己不會那麼輕易地落入自我批判的黑洞裡。那個時候的我選擇引用一段在網路上看到的句子：「Your life has purpose, Your story is important, Your dreams count, Your voice matters, You were born to make an impact.」我將它列印出來後貼在我的手機殼上，做為日夜提醒自己存在價值的暗示。

就這樣又過了幾個月，我的生活機能大概恢復到60%左右。這個時候的腦子才終於恢復正常的功能，我開始去思考自己為什麼會再次得到憂鬱症，以及要如何讓這樣的事情不再發生。**我必須很真實地問自己：我究竟要成為什麼樣的人以及活**

出怎麼樣的生活？也必須清楚地知道自己的界限在哪裡，而不是總是允許他人踐踏自己的底線，搞到最後又因為委屈了自己而感到憂鬱。因為這樣的探索，讓我意識到設定目標的重要性，因為人一旦沒有目標，只是一味地透過忙碌來轉移自己的憂鬱，那麼憂鬱症必然會再找上門。

我想在這裡針對如何處理憂鬱症做個總結。首先，先了解憂鬱症是一種情緒的疾病，大多來自於內在不肯定自我價值，進而委屈自己所產生出來的感覺。正因為自己的內在有太多**不真實的批評**，以致於你漸漸地落入憂鬱的黑洞，無法自拔。

所以，這個時候你要做的第一件事就是不要讓自己有太多空閒的時間，因為這個階段的你很容易落入自我批判的惡性循環裡。因此，製造出可以不用思考的規律生活會是很重要的一步。這是讓你養成不需要大腦也能進行的規律的生活習慣，無論是種花、運動、散步，又或者是幾點刷牙、洗臉、吃飯等等。這個階段的你，由於憂鬱的緣故，感官上也可能遲緩許多。若是食不知味，那就選擇較健康的食物。若是做什麼事都沒有太大的感覺，那就選擇比較健康的項目去做，從生活的基本動作開始，讓自己不需用腦地去執行它，而不是去在意自己是不是該出去跟人說話、建立社交等問題。

這個階段的你，先讓自己的生活填滿不需要與人互動的基本作息，不要讓自己有多餘的時間可以批判自己。等到你的生活機能回復到約莫25%，也就是你可以每日不需思考就去執行那個規律生活的時候，你再思考自己接下來該怎麼辦。試著與自己的內心對話，鼓勵自己，或是像我一樣，將一段可以激勵自己的話貼在隨處可見的地方。如果這些還無法讓你相信自己的價值，那你甚至可以邀請家人們一同參與。**你需要的是許多的提醒來幫助你面對內心脆弱又沒有安全感的一面。**

一旦你覺得自己到達了60%，也就是稍有自信可以處理基本生活以外的事情之後，你千萬不要以為自己真的沒事了，而是要開始著手為自己的未來訂立一個目標。好好地去思考什麼樣子的未來才是你真正想要的，好讓自己每天都有動力起床去做那樣的事，或是去實現那樣的願景。因為那個目標才是真正能夠幫助你不再落入憂鬱症的主要因素。因此在你的情況好轉之後，就要不惜一切地投資在自己的身上去創造那樣的未來。

有許多人好奇：為什麼憂鬱症的時候會聽不到靈魂導師的話？這其實是因為人們之所以有憂鬱症，是由於邏輯意識不斷地試圖掌控你的生活，進而讓人們慢慢地將自己的心封閉了起來。在這個狀況下的人們，根本聽不到任何人的聲音，就更別說是靈魂導師了。

總之，以上是我個人的經驗分享。我相信所有經歷過憂鬱症的人都清楚地體驗過那種極度脆弱與無助的感覺。在那個狀態下，我們很容易說服自己是孤立無援的，更害怕把內心的感受公諸於世。但要療癒身心靈的所有疾病，最好的方法就是去面對我們的恐懼，愈是害怕說出口的話就愈應該把它說出來。因為將憂鬱的感覺說出口，遠比你藏在心裡時的感覺要來得好很多。沒有人是這個世界上唯一得到憂鬱症的人，有時候透過單純的分享，或許就可以讓你感受到原來身邊的人也正在體驗相同的感受。尤其在現今資訊發達的社會裡，在一百個人裡面總會有一兩個人可以回答你的問題。所以對未來要更有信心一點，當你對人生感到絕望與徬徨無助，即便每天只是一點點的進步，終究也會慢慢地帶領你脫離這種讓人感到窒息的憂鬱狀態。

更年期

★

對應頻道 272 集

這篇文章想要與各位討論「更年期」。過去在很多人的認知中，以為更年期是只會發生在女性身上的事，往往是在女性停經的前後，因為身體的荷爾蒙開始產生變化，而引發的種種身體反應。

同樣地，在這篇文章裡，我只是希望以一個靈媒的視角，與各位分享多年觀察下來的幾點相同症狀。在此請讓我再次聲明：我不是一個醫生，討論這個主題也不是為了取代你的現有醫療，而是單純希望以靈媒的視角來分享自己的觀點，希望可以成為你們現有醫療以外的一種輔助。

其實從這麼多年的觀察中，我發現所謂的更年期不只會發生在女性身上，也會發生在男性身上。所以這篇文章就單純以靈性的角度，依照男生跟女生都會有的相同症狀來做分析。

我曾提過，靈魂為了幫助自己成為更好的存在，會在這輩子鋪設平台、功課，進而安排在輪迴轉世後所遇到的種種人事物。也就是說，你在這輩子所遇到的每一個人事物，都是為了自己的進化所做的最好安排。因為人在死亡的時候只會去反省自己的一生，而不會去反思別人做了什麼，又或者是自己為他們做了什麼。所以為了幫助靈魂達到那個終點，我們在人生的鋪陳上會設立一個功課，例如：「我不夠好」、「我不夠漂亮」、「沒有人愛我」等等，然後透過平台與角色的鋪陳，來讓這樣的功課有練習改善的機會。

通常這個句子會在你十歲以前成形。而在你青少年的時候，約莫十歲到二十五歲之間，你的人生中會有種種的證據證明這個句子的信念是真的。在二十五歲至三十五歲這個期間，你會從過去的經驗裡研發出可以應對這個信念的生活準則，並深信這是處理這個功課的不二法則。

在之後的轉換期，女性約莫在三十五歲至四十五歲之間，男性則約莫在四十歲至五十歲之間，這個年紀的你會開始質疑之前的信念是否為真，因為你會開始發現它們似乎無法再應用在現實生活當中，又或者你會看到信念與現實的衝突之處，而在內心產生很大的糾結與掙扎。

這個年紀的男女由於開始正視自己內心真正想要的，並且開始尋找生命的意義，促使他們想要改變或是創新自己的人生，我將這段時間稱為「靈魂的轉換期」，因為這是靈魂想要對生命和宇宙有更深一層的了解與認識的階段。

在靈魂覺醒的這段期間，往往也對應著人們認知裡的「更年期」。那麼，人們為什麼在更年期會出現種種不預期的身體反應呢？這往往是對應到他們靈魂當下的狀態，正如我之前提到過的，人的身體會依照靈魂的設定而產生相對應的反應。

在傳統的教育觀念下，人們害怕改變也盡可能地不往內心探索，他們深信只要把物質層面照顧好了，那麼一切都不是問題。也因為這種觀念的影響，許多人在靈魂轉換期，靈魂渴望對舊有生活做出一點改變的情況下，仍會選擇什麼事都不要做。他們不認為內心的感受是重要的，而是一直說服自己回歸到舊有認知裡的生活模式，直接忽略靈魂真正想要的究竟是什麼，即便他們現有的生活可能完全地違反他們靈魂真正想要的。

但靈魂之所以投胎是為了幫助祂克服種種的困難，以協助祂成為想要的模樣，那個模樣是生命在結束之後，靈魂帶得走的，而不單單只是為了滿足人的各種物質慾望。**所以在靈魂轉換期，祂真正想要去克服與突破的是，為什麼內心還一直擁有「我不夠好」、「我沒有人愛」、「我不值得」的功課，而不是還想要一直扮演好「好子女」、「好父母」或是「好員工」的角色，因為這樣的信念完全不符合靈魂的鋪陳**。試想，如果靈魂大費周章地鋪陳了一切，是為了幫助自己成為一個更好的存在，但在轉換期間，人們卻什麼事都不願意去做去改變的話，那麼這個階段的靈魂會有什麼樣的反應？相信你必然會感到焦慮，也會因此失眠，或者是伴隨著焦慮所引發的全身發熱、手心發汗等等。

如果各位曾經仔細觀察的話，應該會意識到許多的更年期症狀其實都跟焦慮的症狀很像，例如發熱、發汗、失眠、心悸等生理失調現象，這些全都是人在焦慮的狀態下會有的反應，就如同人們在面對大婚、大考，又或者是面試時，幾乎也有同樣的生理反應。

由於靈魂對於自己的無作為感到焦慮，以致於身體會跟著產生反應。這也是為什麼無論男女在面對更年期的時候，他們的生理反應幾乎都是雷同的。容易焦躁不安，對人生開始感到茫然、失眠或嗜睡、全身發熱或是發冷、覺得自己需要找到解決辦法，但又不是明確地知道是什麼以及如何做……你的靈魂狀態會反射出你的更年期症狀。從過去的經驗來看，**那些更年期症狀維持很多年的人，往往不太願意正視自己內心的情緒，在現實生活裡也有拒絕做出任何改變的傾向**。

如果知道原理的話，那麼改善的方法自然是協助靈魂去活出祂想要成為的模樣。除了學會面對恐懼，也可以探索內心那句不真實的信念究竟是什麼，並找到可以印證這個信念錯誤的證據。你可以創造出一個全新的生活環境，來幫助靈魂活出祂想要成為的模樣，通常需要至少二十一天去重新建立一個習慣，至少三到六個月的時間來完全改善原有的生理反應。如果一個人真的有心想要改變，那麼這些所謂的「更年期的反應」往往可以在上述的時間內得到舒緩。就像人們要改變現有的飲食習慣一樣，通常也需要一段時間，身體才能完全地調整與適應。

這也是為什麼我覺得所謂的「更年期」其實不侷限於女性，也會發生在男性身上。只是男性向來會用邏輯解釋一切，而女性比較擅於表達自己的情緒罷了。我也想提醒，不要等到問題發生的時候才來解決問題，最好的時間其實是趁著自己身心靈平衡的時候去面對內心的功課，才可以在最佳的狀態下做出最好的決定。也就是說，如果平時的你就願意往內心探索，活出靈魂想要的樣子的話，相信即使你經歷更年期，身體也不會有太大的反應。

解離狀態（當你覺得身體好像不屬於自己的）

對應頻道 295 集

在這篇文章裡，我想要與各位討論「解離狀況」，基本上就是當你覺得身體好像不屬於自己的時候。即便很多人覺得這樣的事永遠不會發生在自己身上，但其實這是一種很常發生，只是沒有嚴重到會讓人去關注的狀態。這是因為「解離」是一種每個人都有的生存本能，大部分的人在正常的情況下都不會感覺到，但舉凡沒有睡飽或精神耗損時，你身體所感覺到的與實質的感受好像有落差時，都屬於輕微「解離」的一種。就好像明明把食物吃進肚子裡，卻怎麼吃都吃不飽的狀態，其實也是一種「解離狀況」。不過本文討論的是比較嚴重的情況，也就是人們覺得靈魂好像不在自己身上，對任何人事物都無法產生任何情緒或感覺的時候。

許多人在經歷這種狀況時會尋求心理醫生的協助，但似乎看不到任何的成效。所以我想藉由這個機會，用靈媒視角來跟大家解釋為什麼會有這樣的狀況發生，以及該如何處理。

首先，讓我們討論為什麼會有這樣子的情況發生？

我曾提到，靈魂在投胎之後需要花很多的時間與身體做連結。一般來說，當胚胎還在母體發育的前三個月，靈魂會呈現進進出出母體的狀態。爾後隨著胚胎的發育愈完整，靈魂進駐身體的時間也會相對提高。但這並不表示他們在出生之前就會與自己的身體做完整的連結，往往要到出生後三至五年，靈魂才算是完全地適應那副身體。

通常在這段三到五年的時間，你可以從他們的行為上觀察到，他們會觀察自己的身體做重覆性的動作，直到他們完全適應自己的身體為止。也就是說，我們一般要等到五歲以後，才開始學會運用身體，並透過重複練習相同的事以訓練我們的肌肉。

而「解離狀況」之所以產生，是因為每個靈魂來投胎都必須先找到身心靈的平衡，才有辦法順利地完成自己的人生課題，而身心靈正是身體、情緒以及靈魂；也就是說，一個靈魂得要有辦法掌控身心靈三個層面才能完全地運用自己的身體。在這裡，身體不單單只是實質的身體，還包括社會文化教育所產生的邏輯思考、個性與觀念等等。而情緒自然是喜怒哀樂等情緒，靈魂則是以廣角或高觀的方式協助人們達到目的地的高我。

由於要達到身心靈三方位平衡並不容易，過程難免會遇到因為過度衝擊而沒有辦法感受的時候，這個時候你的靈魂保護機制就是「解離」。身體上或是情緒上遭受重大傷害時，靈魂會選擇暫時跳脫自己的身體，呈現一種放空的感覺，讓自己不用實質地去體驗那個痛苦的過程。例如當人們心痛的時候會想要離開自己的身體，就連迷惘不知所措的時候也會想要離開自己的身體。重點是，無論你在身心靈上受到什麼樣的打擊，讓你的靈魂不想要與你的身體有任何連結的時候，都會導致解離狀況，這也是為什麼我說它是每個靈魂都具備的生存機制。

當一個人處在解離狀態的時候，他們的感官是鈍化的。就好比有人在打你，你卻感覺不到痛，又或者是你明明在吃東西卻感覺不到飽，明明睡了很久卻仍像很久沒有睡覺一樣……你的身體無法實際地傳遞它所感受到的所有訊息，以致於你的行為與真實感受會有落差。你會以第三視角看所有發生在自己身上的事情，雖然腦子裡知道那跟自己有關，但身體卻無法對照該事件做出任何的反應，因為靈魂無法與自己的身體連線。

所謂的解離不一定要到重大事件發生在自己身上時才感覺得到，有時候只是睡眠不足，你可能就會意識到自己的味蕾與感官變得有點遲鈍。一般人的解離狀況由於沒有很嚴重，大多可以透過補充睡眠，做個放鬆運動，又或者是去度個假舒緩壓力來更正這樣的落差。

但如果是嚴重落差的情況，可能再多的睡眠、度假或心理諮詢也補不回來。通常這是因為一個人在身心靈上受到很大的衝擊才會導致他的靈魂不想要再回到這個身體，這也是為什麼藥物可能對這種情況完全產生不了作用的主要原因。

我個人覺得藥物之所以對這樣的情況沒有太大的影響，在於根本問題並沒有被解決。所以我也不覺得有「解離狀態」的人就是一輩子都是這個樣子了，只是這需要花點時間克服，才有辦法將自己調整回正常的軌道。

首先，要找到導致你的靈魂不想要與這個身體產生任何連結的事件究竟是什麼。如上所說，人們往往是在身心靈上受到某種程度的衝擊才會導致靈魂跳開這個身體，不想要與它有任何的關係。而你所要做的，就是去找到那個事件到底是什麼。一旦你找到這個核心問題之後，你必須著手療癒自己。記得，之所以有解離狀況產生，源自於你的靈魂不想與你的身體有任何的關係，所以你所要療癒的重點正是去尋找為什麼你的靈魂會有這樣的感覺？無論是因為心理、生理或是其它因素所產生出來的想法。接下來你要做的，是尋找你的靈魂想要再度與身體連結的美好證據，或許是被觸碰的感覺、感受到鳥語花香的美好，又或者是可以品嚐美味食物的感受等等，你必須不斷地找到自己想要繼續待在這個身體裡的證據，而非一直挖掘那些讓你痛苦不堪的回憶。一旦你所收集的美好證據遠大於痛苦的，那麼這種解離狀況便會慢慢地得到舒緩。

此外，你還可以與自己的內在小孩對話，他們往往在你童年時受到某種程度的創傷，導致你的靈魂不想要與身體有任何的連結。就好比你的童年可能曾經受到霸凌，那麼此刻的你就必須以成熟的心態去安撫那個受傷的小孩，讓他感受到你有保護他的能力，也讓他相信你們可以一起成為更好、更棒的人。不斷地讓你的內在小孩感覺到安全感，對你的靈魂來說是件很重要的事，所以除了在生活中不斷尋找這樣的證據，更重要的是要有能夠去執行的能力。無論是教他如何愛自己，或者是重新體驗這個世界的美好，漸漸地找到可以讓自己的心靈感受到安定的辦法。與其說是要療癒解離狀態，不如說其實最需要的是療癒自己的靈魂，讓祂感覺得安定與安全。當這種感覺愈發強烈，那麼你的解離狀況自然而然地會得到改善。

大致來說，解離狀況是每個人都有的生存機制，大部分的人都不會偏離太久，而是想辦法正視自己的問題，並很快地將自己調整到正常的軌道。但對於少部分的人來說，由於他們長期累積或壓抑的習慣，可能會讓這樣的現象一發不可收拾，導致他們的靈魂與身體完全脫節，無法感受周遭的一切。無論這是你親身的感受，又或者是發生在親友身上，你都可以試著為自己或他們的生命中介紹或收集更多美好的事物，慢慢地幫忙尋找那些值得留戀的證據，解離狀況自然會好轉。

Part 2

靈魂的精心策畫

面對慣性批評的父母

對應頻道 251 集

不知道各位有沒有注意到，任何的批判都只有從自己在乎的人口中說出來時，才會讓人受傷。所以當你聽到任何批判而感覺受傷的時候，你首先要問的是：「這是我在乎的人嗎？」

特別是在現在資訊過度發達的世代，人們很常因為無法在現實生活中找到發洩的管道，就允許自己以不負責任的態度將不滿的情緒任意地在網路上發洩。在自以為沒有人會知道是誰的情況下，肆意地讓自己當起的鍵盤俠。也正因如此，對經常流連在網路與社群媒體上的人們來說，會常常面對到莫名其妙又極苛刻的批判與評語，而且大多是來自跟你的生活完全沒有交集的人，除了不知道他們長什麼樣子之外，就連對方的真實姓名也一無所知。

所以在面對批判的時候，先好好地問問自己，對方是否是自己在乎的人。如果答案是肯定的，那麼接下來的第二個問題便是：這個人在乎你的程度跟你在乎他的程度是一樣的嗎？因為一個真正在乎你的人，不會選擇用批判的方式來做為與你溝通的方式。

當然，每當我這麼說，就有人試著跟我辯解：「父母的愛大多是以批判的方式呈現。正因為父母愛自己，所以才會批評並指出自己的缺點，好讓我們有改正的機會。」我很高興各位都是如此善解人意的小孩，但今天我想要以一個既是小孩也是父母的角色，與各位分享一點我個人的看法。

在我生長的年代，生活物資還沒有那麼充裕，家長們也不重視身心靈成長，父母很容易以「更正我們的缺點」來表達對我們的愛。因為他們認為，得到糾正的我們可以減少出社會後被他人取笑或責罵的機率。此外，我也曾說過，人們沒有辦法教育他們所不知道的東西。也就是說，如果你的父母從小是在被批判的環境下長大的，那麼他們自然沒有辦法教育你「用批判表達愛」以外的方法。特別是如果當時的他們算是社會成功人士的話，那麼他們只會更相信自己的教育是通往成功的不二法則。

我是在一個極為嚴苛的環境下長大的小孩，即使成為人母之後，我盡可能地不用過去的經驗來教育小孩，但還是無法跳脫批判的模式。雖然在我的心裡，我遠比那些曾經在我身上加諸痛苦的人們還要來得好很多，但不管再怎麼改進，我終究還是那個環境所製造出來的產物。我以為的「愛」，因為從來沒有感受過的關係，所以大多是想像出來，而不是真實的體驗。我只會「覺得」這樣的方式應該是愛的表現，卻不知道它是不是真的可以讓人感受到愛。

所幸在靈性旅程中，我理解了父母是自己選的。這讓我慢慢地學會放下所有認知，並試著與小孩溝通，邀請他們與我一起尋找適合彼此的方法。如果我教育他們的方法並不是他們想要的，那就請他們告訴我要用什麼樣的方法才可以達到我們彼此都滿意的結果。因為在沒有任何標準的情況下，我只能依照我所知道的方法來教育他們，但那對他們來說並不一定是最好的方法。不過，即使在溝通之後，我還是因為情緒失控而暴走好幾次，搞得每次都得在事後帶著滿滿的愧疚感向孩子道歉，然後在無數次的失敗中不斷反省自己該如何更正這樣的行為。雖然我的改變是緩慢的，但也是在一次又一次的失敗與嘗試中，慢慢地找到對待彼此的方法。

我曾經在網路上看到一篇發文，是一位帶著三個小孩的母親，在一個手忙腳亂的日子裡，因為六歲的小孩一直犯錯，於是將孩子送到他的房間裡做 Time out（Time out 通常是西方國家用來限制小孩行動的懲罰方式）。在這段時間，每當小孩問 Time Out 的時間結束了沒，母親總是會反射性地回答：「我現在沒有時間處理你（Deal with you）。」直到過了一小時之後，小孩突然回了句：「媽媽，你讓我出來好不好？等我出來之後，你再也不需要處理我了。」如此簡單的一句話，反倒讓那位母親當場崩潰大哭。她意識到自己這麼無心的一句話，很可能從此造成這個小孩的心理陰影。因為如果連自己的母親都沒有任何的時間可以分給自己，那麼未來的他又怎麼覺得別人有時間好好地與自己相處呢？

在諮詢的過程裡，我很常遇到三四十歲的客戶，曾經因為父母無心的一句話而痛苦了一輩子。坦白說，我也曾經是那樣的父母，每當小孩把我逼到崩潰邊緣時，我總是會暴怒地請他們去找別人當他們的母親，卻沒有思考這樣的話對一個身心靈還未發展完成的人來說，有多麼的殘忍。在意識到自己曾經犯下的錯誤之後，我回頭跟小孩道歉自己的用詞不當，並承諾未來這樣的事永遠不會再發生，同時我也請他們下次要是再有類似的情況發生，請勇敢地用會打醒我的話來糾正我的錯誤，而不是一直允許我犯同樣的錯。

其實，我覺得父母這個角色很常在理智與失控邊緣掙扎，特別是被孩子逼到情緒崩潰的時候，真的很難在當下控制自己的行為。在那樣的狀態下，我們的任何反應都是建立在習慣的肌肉記憶，而無法執行理智希望我們做到的標準，這也是為什麼我們只能藉由一而再、再而三的錯誤，慢慢地改進。

之所以與各位分享這個故事，是因為我相信大部分的父母都有很好的初衷，但不一定有最好的執行方法。也正因為他們從來沒有那樣被教育過，所以只能用他們僅有的方法來教育你們。雖然我不能一概而論，但透過這麼多年的觀察，我發現大部分的父母其實都想要把最好的留給自己的子女。所以與其期望他們用你想要的方式對待你，何不試著「教育」他們什麼樣的方式才是最適合你的？但記得，不是單單以你想要的方法去改變他們，而是思考如何可以創造出雙方都滿意的結果，這才是你應該努力的方向。

今天如果你是父母，你可以問問自己是否有更好、更有效的溝通方法？是否可以放下自己的認知，去探索更多元的教育方法？而身為小孩的你，是否可以思考一下，如果「父母是你選的」，那麼與其一味地壓抑自己的情緒，是否更要學習有效的溝通？讓他們知道你真實的感受究竟是什麼。我其實相信大部分的人都想要讓自己變得更好，只是苦無方法而已。有時候透過不斷地溝通，可以讓彼此都有更明確的方向，而不是因為自己從小在被批判的環境下成長，所以到最後把自己也教育成一個只懂得批判的父母。

你可以試著換位思考：**你希望別人用什麼方式與自己溝通，而你是否也用相同的方式與他人溝通？而這樣的溝通方式又是否能夠為你創造出最佳化的結果？人與人之間的互動本來就會產生出功課，而溝通正是解決所有功課的最好方法**。記得，不是一味地表達自己想要的，而是試著去找出彼此都可以接受的解決辦法，那才是有效的溝通。如果溝通一次沒有辦法達到理想的結果，那就像我和我家小孩一樣，多試幾次總會找到辦法的。

身為母親的我知道，大部分的母親在發現自己的行為言語傷害到小孩時，難免都會感到難過。如果今天你清楚地知道父母是在乎自己的，那麼與其一直糾結要如何更正他們的行為，我覺得在溝通時真實地表達自己的體驗與感受會更能夠說進人的心坎裡。我相信任何有心的父母都會想辦法讓自己變得更好。他們或許無法透過一次溝通就達到你想要的結果，但在持續的溝通之下，我相信你們的關係一定會得到改善，慢慢地朝著你們都想要的方向前進。父母是你選的，在「他們無法教育你他們所不知道的事」的基礎下，與其期待他們變成完全不一樣的父母，不如從現在開始教育他們吧？

孝順父母的定義

對應頻道 282 集

「孝順」這兩個字，是我比較常在亞洲人身上聽到的字眼。基本上是指子女在長大之後，透過服從或順從父母的意願，以及滿足父母的期望來回報養育之恩。中國人重視孝道，並在時代的演化下賦予了「孝順」許多意義。但如果大家認為服從與不忤逆父母就是「孝順」的話，一定也同時意識到其中的問題吧？

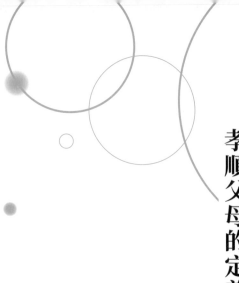

多年來，許多人在諮詢時都想要理解自己究竟該怎麼做才稱得上「孝順」。他們雖然渴望去追求自己的夢想，但又常常因為這樣的渴望而陷入「不孝」的兩難之中。我無法為「孝順」兩字做出定義，只能與各位分享一點我的個人看法。

居住在國外這麼久，我還真的找不到「孝順」這個詞，最接近的可能是"Respect your parents"。或許對中國儒家思想研究很久的人會用"Filial Piety"，但這個詞其實並不等同於亞洲人所認知的「孝順」。因為"Filial"是指父母與子女間的互動關係，而"Piety"是崇敬的意思。在外國人的認知裡，這種關係是互相的，也就是父母與子女之間的尊重應該是雙向的，而不是亞洲人認定的單方面行為。這也是為什麼很多時候，當人們試著向外國人解釋「孝順」是什麼，或是用上述名詞來代替時，他們往往會很困惑你真正想要解釋的究竟是什麼，又或者是無法理解這件事的問題點。

不過即使國外沒有「孝順」這個詞，卻不表示外國人就沒有這樣的行為。大部分的外國人覺得家人之間的尊重是基本的，但需要建立在對彼此的尊重，而不是單方面的敬老尊賢、絕對服從。亞洲人希望用「孝順」來要求子女的行為，在國外叫「操縱（Manipulation）、情緒勒索」，也就是透過讓子女感到罪惡感來促使他們完成自己希望達成的事。這樣的行為往往源自於大人內在的恐懼與不安全感，期望能透過子女來彌補這樣的空虛。這種情況與「孝順」毫無關係，只是一種情緒上的操控，小孩沒有必要急著將父母自身的功課攬到自己身上來做。通常當父母沒有處理好自己的情緒時，就很容易把內在的情緒反射在小孩身上。只要他們的反射得不到任何回應，那麼他們就會開始透過情緒操控的行為來得到他們想要的。

所以，「孝順」到底是什麼？是否存在？我想用高靈曾經說過的話來回答：當你不知道答案時，只要把這個行為套用在自然萬物之上，就會得到答案，一旦它無法套用在自然萬物之中，那麼它就是不合理的存在。

那我們是否也可以試著將「孝順」套用在自然萬物上，看看有哪一種生物在長大之後會完全服從父母？或許猿類動物會照顧長輩，但這些生物往往是群體生活的，他們要求的不是完全服從，而是彼此照應。一旦跨越彼此尊重的界線，無論是爭地盤還是搶食物，他們都不會顧及對方身分，而會極力爭取自己應得的。也就是說，在彼此尊重的前提下，我們會彼此照應。一旦你危害到我的安全或基本需求（無論是身體、精神或心理上的），我都會為了保護自己而做出反擊。以這個行為模式去思考，它是否更符合外國人的"Filial Piety"，而不是亞洲人口中敬老尊賢、不忤逆而且絕對服從的「孝順」呢？

當然，有很多人覺得我們不能將所有事都套用於大自然的基礎法則來做比較。他們認為人之所以與畜牲不同，是因為我們是有感情的，也更敏感，不能相提並論。但尊重是雙向的，不是單方面的。如果說萬物所實行的是基礎的原則，那為什麼大自然早已理解的道理，人們卻還想不透呢？

身為父母的我覺得父母的職責在於傳承，把自己的所知所學教授給小孩，不是希望他未來能夠來照顧我，而是期望他透過這些技能好好照顧自己，甚至讓這些技能更發揚光大。由於靈魂有進化的本能，每一個世代的出生都應該有辦法青出於藍，而不是一代不如一代。若我們的認知不願意更新與改變，就不一定適用於新的世代。勇敢的父母們會放手讓孩子自己去闖蕩，而沒有安全感的父母則會想盡辦法將子女留在自己的身邊。名義上是為了保護他們，實際上則是不相信他們有照顧好自己的能力，也害怕自己得面對沒有子女陪伴的孤獨。

身為父母在教育子女時，應該希望他們過得更好，並學會放手讓他們去飛，去體驗天空的廣闊，而不是一直將他們綁在自己身邊，讓他們變成折了翅又飛不起來的寵物。我們應該相信他們有辦法為自己創造更好的人生，也相信他們有足夠的勇氣去面對接下來的挑戰。他們或許可以找到讓這個世界更美好的方法，是我們從未發掘過的；也或許他們會回過頭來覺得我們所傳授的方法是最好的，或者是有改良空間的……但這些都得要他們親自體驗之後才會知道答案。如果身為父母的我只懂得透過情緒勒索來操控我的子女，那麼其實我的內心是害怕美好，也不允許進化的發生。

從小在亞洲教育環境下長大的我，經常因為「敬老尊賢」這類概念而被要求做出許多不合理的行為，特別是在面對父母時，更常因為「孝順」二字而被要求忍受所有的不合理。我希望透過這篇文章讓各位清楚知道「孝順」與「操縱、情緒勒索」的差別，以及面對這樣的父母時，你又有什麼樣的選擇。

父母的責任是傳承他們的所知所學，但不應該限制你的生活。如果父母在你成年後還不斷地對你施加壓力，期望你能夠照顧他們，打理他們的一切，那大多是情緒勒索。因為父母的身分不應該是操控你的人生，而是引導你開創屬於你自己的人生。

如果你問我「孝順」究竟是什麼？我個人覺得報答父母養育之恩最好的方式就是把自己照顧好，並開創出我們無法教育你的更好的生活，而不是言聽計從地遵循我們希望你做的每件事。說穿了，那只是一種把責任加諸在你們身上的不負責任行為罷了。當然，我不能代表全天下的父母，也不知道他們對你們的期待究竟是什麼，只是當你的父母打著「孝順」的口號來情感勒索你時，我希望各位至少能有點覺知，決定自己該做出什麼決定，是順從對方的情感勒索，還是明確地劃清彼此的界線，但無論如何，絕對不是糾結自己是否孝順。沒錯，每一個被子女拒絕的父母多少都會難過，但要是知道自己的子女正在為自己的夢想努力，我相信大部分的父母會感到欣慰。

最後，或許外國人翻譯的「孝順」"Filial Piety"是正確的。因為父母與子女之間的關係應該建立在彼此尊重，而不是單方面的服從。真的想要做個孝順的子女，那就學著把自己的人生過好，而不是當個言聽計從的寵物喔。

挑食者與煮飯者之間的功課

對應頻道 252 集

這篇文章起源於一位網友的提問，他想要知道挑食者與煮飯者之間的關係與功課是什麼。假設有一個很挑食的人，他明明知道食材很好，煮飯的人也很用心地做菜，但是只要烹調的比例稍有偏差（就好比水煮蛋一定要七分熟，多一分少一分都不行），他就會拒絕食用。這位網友想要知道這樣的人的功課到底是什麼？是不是上輩子窮過、餓過，才導致這輩子他對食物有那麼多的限制？也想要知道這樣子的人這一輩子投胎是不是要學會遵守原則？那麼煮飯者是要學習配合嗎？還是精進自己的廚藝呢？又或者要學會妥協呢？

首先，我想要聲明：一個會挑食的人，上輩子一定不是被餓死的。因為人在過度飢餓的狀態下是會飢不擇食的，根本不可能有挑食的奢侈。曾經餓死過的靈魂大多會有什麼吃什麼，只要能夠止飢，任何送到面前的食物，全都是他們會吃的。當然，如果有食物過敏的話就另當別論。但是在對任何食材都沒有不適問題的前提下，單純因為烹調比例挑食的話，這要不是上輩子日子過太爽，應該就是從來沒有親手下廚過，所以才會只在意口感，而不會去體會煮飯者的辛苦。

如果這一輩子不但挑食，對食物烹調比例又特別敏感的話，那麼上輩子要不是美食評論家，很可能就是被嬌生慣養的富家子弟。這樣的人往往沒有太多的同理心，只會將注意力放在自己的體驗之上。這就好比人們可以輕易地指出家裡不乾淨需要打掃的地方，但是一旦等到自己親自打掃的時候，往往會因為身體愈來愈疲憊而打掃得愈來愈隨便的意思是一樣的。清潔人員在四個小時內可以整理好的程度，自己動手卻得花上雙倍的時間，而且還不一定打掃得跟清潔人員一樣乾淨。

這世界上有許多事情，往往得要自己親手做了之後才會知道它並不如想像中簡單。通常也是在親自執行之後，人們才會對之前為我們打理事情，又或者是做相同事情的人產生感謝之心。這種因為同理心而產生的感謝，在靈魂的道路上是基本的修行，也是靈魂還沒有進入複雜的進化時所該學習的，就如同萬物會自己去獵食並感謝食物可以讓他有繼續活下去的動力一樣，他們不會有挑食的行為。所以如果你問我挑食的人這輩子有什麼功課的話，我個人認為是學習同理心。

我本身是個煮飯的人，也曾經在好幾輩子餓死過，在這輩子，如果遇到有人用心為我烹煮食物的話，就算不是我喜歡的食物，我也會盡可能地吃完，就更不用說是美味的食物了。或許是因為小時候曾經挨餓過，也或許是因為朋友習慣在飯前禱告的關係，讓我學會尊重任何呈現在我面前的食物，也盡可能地不挑食。即便真的遇到不喜歡的食物，我也不會任意批評。因為無論為了什麼原因，我覺得當別人用心地為你準備餐食的時候，都不應該只是出一張嘴批評，或是擺出任何臉色來做為回應。你只需要試想，如果今天這些菜是你花了半天的時間煮出來的，無論好吃與否，你希望吃的人有什麼樣的反應呢？

至於煮飯的人所要學習的功課是什麼？我個人覺得因人而異。我本身是個對自己廚藝很有信心的人，要是遇到挑食的人，我壓根不會覺得那是我的問題，反倒覺得別人要吃不吃是他們的選擇，而我的功課是：不需要覺得自己有義務要餵飽每一個人。特別是遇到對食物過敏，或者是有任何特殊需求的人，我會覺得把自己打理好應該是他們要做的功課，而不是要求其他人必須配合他們的需求。如果發生在我的小孩身上，我會教他們如何煮飯（事實上，我從他們四、五歲左右就開始教他們煮飯了XD）。因為沒有人會比你更清楚自己的味蕾和標準，如果自己真的那麼挑食，那麼還有誰比你更適合煮飯給你吃呢？所以通常我都會建議他們自己來。然而，並不是每一個煮飯者的功課都跟我一樣，許多比我善良的人都一心地想要提升自己的廚藝來滿足吃飯的人，所以如果剛好遇到一個挑食又只會出張嘴不動手的人的話，那麼你就當自己是在武當山上練功吧，我不能替你決定你的功課是什麼。

我想說的是，人與人之間的互動往往都有功課存在，特別是在婚姻關係裡面，溝通絕對是必然的功課。你知道對方需要什麼，又要如何去完成，以及你覺得如何，又要如何表達，全都需要透過不斷地溝通來達到共識，找到一個雙方都滿意的辦法，因為這不是靠各自堅持或單方面一味地委曲配合就可以達到的。所以我給各位最好的建議是，無論你想要維持的是什麼關係，都試著去溝通吧。如果對方這麼挑食的話，他所要學的，絕對不是一味地指正你，而是去理解什麼是同理心、配合與感激，又或者他這一輩子是來學煮飯的……或許真的必須等他親自下廚之後，他才有辦法學會這些功課。

至於你的功課是什麼，那就見人見智了。重要的是，愛一個人的時候，雖然總是想要給他們最好的，但是千萬不要委屈犧牲了自己。當自己花費大量的時間準備了一桌子的菜，卻被吃的人嫌到一文不值的時候，你該問的不是你跟他之間的功課是什麼，而是**自己是不是該放手休息一下**，暫時不要把煮飯當作是你的責任和義務了？因為雖然你想要把最好的給另一半，但面對老是不懂得感謝、只會批評的另一半時，你是否也該學著放過自己，對自己仁慈一點呢？或許，這才是你真正應該做的功課吧？

知道的愈多，感受就愈少：同理心最難的一課

★

對應頻道254集

不知道各位有沒有看過《權力遊戲》？劇中的小兒子因為身體殘障而變成劇中的先知，是一個可以看到過去與未來的角色。他往往冷眼看待所有事物，即便知道人們悲慘的過去，或是未來會發生什麼不堪的事，他都以冷眼旁觀的態度對待。這不禁讓老公好奇，怎麼會有人在面對了這麼多悲歡離合的情況下，還能保持無動於衷的態度，也讓我

深深地感觸：當一個人知道的愈多，他的感受就會相對地減少。當然，老公一點也不認同這樣的論點，因為他覺得正因為知道的愈多，所以應該愈有同理心才對，也無法理解為什麼我會覺得這樣的人反而會愈沒有同理心。

之所以與各位討論這件事，是因為我也曾經歷過這麼一段時間，這也是為什麼我開始能理解當一個人知道的愈多，他的感受就會相對地減少。讓我舉個例好了，我很常在諮詢中聽到很可憐的故事，客戶們總是不知道為什麼這樣的事會發生在自己或家人的身上。他們覺得自己明明是個好人，但為什麼這輩子卻平白無故地遭人霸凌、陷害、虐待、謀殺……然而在諮詢的過程裡，我很常無意間地發現，他們在我面前是一副大善人的樣子，但他們的靈魂資料庫裡卻記錄了滿滿的不為人知又傷天害理的事。又或者是他們在這一輩子雖然是個受害者的角色，但是在某一輩子卻是加害者。就好比有人來諮詢家人明明是無善不做的人，但為什麼會遭人謀殺，可是在探究他們的靈魂資料時卻發現，他們也曾是無惡不作的加害者，給許多家庭製造了與客戶此時同樣痛苦的經歷。當然，我也遇過一些無法克制自己惡意傷害他人的人，他們無法理解自己明明是個好人，但在面對特定的人時，自己會變得格外地殘忍與刻薄，後來我發現他們的身體反應完全是源於某一輩子被這些人虐待而產生的潛意識報復行為。

之所以分享這些例子，並不是要替那些不法或不尊重人的行為做任何的辯解，但是人們的視野很少能夠跨越因果，在我們無法全面了解事情真相的時候，我們的同理心大多是以偏概全的。也就是說，很多時候當我們在聽到一件很可憐的故事時，我們並沒有那麼大的智慧、遠見與宏觀去探究整個事情的原貌，更沒有任何的權力去干擾因果的定律。在這樣的情況下，我們根本無從得知對方是不是曾經做過任何對不起人的事，或者他也曾經是給人製造痛苦的加害者。就好比我曾遇到客戶埋怨自己的親人遭人謀殺，之後卻發現這是他身為黑手黨常在做的事。還有很多常見的社會案例，父母們信誓旦旦地在法庭上辯解自己的孩子絕對不會做出傷天害理的事，但在證據確鑿的情況下，發現他們竟然是無惡不做的連環殺人犯⋯⋯。如果說同理心是必然的，那麼在這樣的狀況下，同理心應該運用在客戶與我分享親人被殺／被判刑時的痛苦當下，還是當我發現他也曾經這麼對待別人之後呢？

或許是因為在諮詢裡很常遇到這樣的案例，使得我再也無法分辨究竟誰是對的，誰又是錯的。但我之所以分享，並不是期望各位從此冷眼看待這個世界，而是我曾經說過，同理心是靈魂進化的基礎課程，所以無論自己認不認同，每個人都必須實際地去體驗他們所能感受的。一味地同理受害者並不是真正的同理，而是必須要能夠同理所有的人。也就是說，無論對方是加害者或受害者，你都有要辦法感同身受。因為同理心本身是不分好壞對錯的，你只是單純去感受對方經歷了什麼，以及為什麼會有這樣的行為，而不是在腦子裡自我判斷是非好壞。真正的同理心是沒有偏見的，只是很多人把同情心當成同理心罷了。

既然同理心是靈魂的基本課程之一，人們必須學會放下自己的偏見，讓自己站在一個中立者的角色。當然，這樣的說法並不是每個人都認同，因為沒有人想要去同理一個罪犯為什麼犯罪、壞人為什麼要作惡，更不可能覺得同理他們之後對自己有什麼好處。

但是，當人們的腦子開始沒有任何的偏見，可以很客觀地同理之後，這樣的心態就更能夠幫助你找到真相，看到任何事物的本質。因為人們在有私心的狀態下，是很容易被自己的情緒蒙蔽而看不到真相的。當然，我不是期望大家都沒有同情心，但是透過這個分享或許可以讓各位了解，為什麼當人們知道得愈多，他們的感受似乎就相對地變得愈少。特別是當人們想要學習同理心這堂課的話，那麼學會客觀的同理就會是必然的過程。凡事都必須要有辦法以中立的立場去分析，才能幫助你找到真相究竟是什麼。在同理心的功課裡，不選邊站，不斷定好壞對錯其實才是最難的一課喔。

證明我是對的 vs. 我是對的

對應頻道262集

在文章的開頭，先跟各位講個小笑話。每次跟老公吵架的時候，只要他吵不過我，就會說：「你每次都想要證明你是對的！」我則會反射性地回嘴：「我根本不需要證明我是對的，因為我知道我是對的。」相信這句話聽在很多人耳裡顯得自大又自負，但在那當下卻是我內心真實的感受。

這樣的話不只會發生在情侶之間，如果

你對很多事情有更深層的了解，就會清楚地知道這樣的話其實適用在生活的各個層面。

我覺得，當人年少無知的時候，會習慣性地想要獲得大多數人的認同，好證明自己的論點是對的。通常只要愈多人贊同自己的想法，就愈能證明自己的觀念能夠被大眾所接受。這也讓自己在表達任何觀感的時候覺得受到支持，而更有自信，而且這也算是一種適者生存的本能，特別是當一個人內在感到自卑時，透過多數人的認同可以彌補內在的不足，這也是為什麼人們會習慣性地想要證明自己是對的。

但是，這樣的行為會隨著你的知識與生活體驗的增加而慢慢改變。因為你會開始清楚地知道別人的經驗與你自身的體驗是截然不同的。你開始可以接受別人與你有完全不一樣的論點，也不會太在意自己是不是對的，因為你清楚地知道別人觀點裡的對錯不一定適用在你的現實生活中。於是，你開始發現「想要證明一件事是對的」跟「知道自己是對的」是兩種全然不同的反應。正因為自己一知半解，所以才有必要透過印證自己的論點去拉攏人心，以彌補自己的自卑。

然而，當你的自信已經透過生活經驗補足時，你根本不需要任何人來支援或佐證你的信念。即便他們不認同，你也沒有說服他們的必要，因為你從生活中所獲得的學習已經足以證明「你是對的」（因為它適用於你的生活），你也會愈來愈清楚別人的認同與否，並不等同於你的實相。這就好像你的名字一樣，別人覺得你適不適合這個名字，又或者該不該叫這個名字，都不會改變這個名字屬於你的事實。所以在你心目中覺得對的，跟別人覺得是不是對的，都沒有任何反駁或爭辯的意義。

我曾說過靈魂是自私的，這意思是每個人在自己的宇宙裡，只會在乎自己做了什麼，以及什麼對自己來說是最重要的。所以在人生的道路上，即便與他人產生完全不同的信念，也不會影響你實際的生活體驗。雖然很多人說如果對方是家人，就一定會影響，但其實不然，人的一生永遠都有選擇，就如同強迫自己留在原地又或者轉身離開都是一種選擇。而這樣的道理不只侷限在男女朋友之間的互動，也可以運用在宗教、政治或是任何信念之上。

那麼為什麼還是有人會用強烈的言語來貶低他人？因為適者生存的關係，導致人們會想盡辦法來證明自己是對的，好讓自己站在較為優勢的位置或是大多數人認同的位置。但如上所說，它反射出來的不是自信，而是自卑。

靈學旅程讓我發現，每一個人的生命藍圖、平台、功課，以及這輩子會遇到什麼樣的人事物，其實在投胎以前就已經決定好了。因為靈魂具有獨立個體性，因此即便我們看起來很相似也是全然不同的。今天拿著自己的信仰去改變他人，讓別人相信自己是對的，或是試圖想把對方變得跟自己一樣，其實完全不符合宇宙法則。就好比一個數學系學生硬是用自己的思維邏輯去說服美術系學生，又或是猴子硬是要說服魚樹上的風景比較美是一樣的意思。

大部分急著想要說服他人認同自己信念的人，多半是為了掩飾自己內心一知半解的自卑。因為害怕他人瞧不起自己，所以會試圖改變他們的想法來認同自己。當然，這樣的行為有時候也會發生在自己身上。一旦你有注意到自己試圖說服他人的時候，我希望你們可以花點時間反省自己的內心是否也有覺得不足的自卑，所以才需要得到他人的認同。如同我之前所提到的，通常這樣的行為會隨著你的知識與體驗的增加而相對地減少。

當一個人知道自己是對的時候，就不需要去說服他人相信你的理念。在尊重的前提下，每個人都可以擁有完全不同的信念。你不求別人認同你，但你可以了解對方的意見只適用在屬於他的人生中，卻不一定適用在你的身上。就如同常常有人想要從我的分享中指出錯誤一樣，在他們的世界裡，我的分享或許一點也不適用於他們，也不符合他們所研習的宗教理念，所以在他們的世界裡，我所做的每一個分享都是錯誤的。但在我的生活裡，它們全都是我透過親身經歷所體驗出來的感悟。既然如此，又為什麼要浪費時間去說服他們相信不適用於他們的理論？就算他們不認同我，又有什麼關係？

靈魂投胎就只為了找到適合自己的生活方式，在宇宙沒有所謂是非對錯的情況下，只要你的認知適用於你現有的生活，那麼它對你來說就是最正確的答案，根本不需要從任何人身上得到認同。如果你仍覺得有義務想要去證明什麼的話，就表示自己還有進步空間，那麼努力地朝著那個更好的方向發展就好了，不用浪費時間去證明誰對誰錯喔。

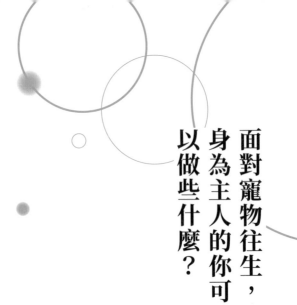

面對寵物往生，身為主人的你可以做些什麼？

★

對應頻道264集

相信很多人都有養寵物的經驗，當寵物往生的時候，身為主人的我們都希望自己可以為牠們做些事情。我們雖然都知道死亡並不是終點，只是靈魂進化的一個過程罷了，但是當我們失去任何東西的時候總是會難過，更不用說是與我們朝夕相處的寵物。雖然牠們平常可能會做一些讓我們煩心的事，像是到處亂尿尿，或是咬破我們最喜歡的鞋子……但是牠們對我們來說，始終是猶如家人般的存在。所以在失去牠們的時候，身為主人的我們在難過之餘，總忍不住想要多為牠們做些什麼，好讓牠們在死後的世界過得快活一些。

如果各位有追蹤我的話，應該常聽到我形容靈魂本身就是一種意識能量的存在，在有形體的狀態下，它們像是顆會走路的燈泡，但在沒有形體的情況下，它們就只是單純的光源罷了。而由人的意識所產生的能量，例如祝福、怨念等等，全都是一種實質的能量，即便我們的眼睛看不到，但身體卻能夠實際地感受到。也就是說，當別人給你祝福的時候，這種能量的傳輸會讓你感受到一股如暖流般的感覺；當別人詛咒你的時候，你也可以感受到一股沉重陰涼的感覺，所以光是這兩者在溫度上與給人的感受就截然不同。既然各位了解靈魂是一種意識能量，而人的意識也是一種如電波般的實質能量的話，那應該就會清楚地知道為什麼靈魂可以輕易地接收、吸收以及消化任何的能量。

所以，對於已經往生的寵物，你所能夠做到最好的事情就是給牠祝福，希望牠擁有更好的下一輩子，不需要受到任何的苦難折磨。因為你的每一個祝福都可以轉換成這個寵物當下可以感受的能量，無論牠是什麼樣的存在或是置身在哪一個次元。寵物並不是唯一會受到祝福能量影響的。無論是花草樹木、家禽或猛獸，在靈魂的狀態下都不分高低貴賤，更不受限於其生前的身分，只要擁有靈魂，都可以受惠於任何的祝福。此外，回想彼此美好的記憶也是傳送祝福很好的方法，無論是遙想從未發生的未來，又或者是回想已經發生的美好回憶，都可以讓靈魂感受到溫暖的能量。

我養過許多寵物，有意外猝死的，也有因病日漸消瘦的。有時候光是看牠們在對抗病魔的模樣，就讓人感到格外地心疼，彷彿看到自己的親人生病一樣。但我相信各位一定也有這樣的感覺，就是看著寵物從生病到死亡的這個過程，也間接地讓我們學會接受死亡的事實。很多時候看著牠們漸漸地衰老，只能奄奄一息地陪伴在自己的身邊，也可以讓我們真實地體會到什麼才是生命中最重要的事。這個時候，你也可以陪牠們聊聊天，說些心事，因為即便牠們病了聾了，在靈魂的狀態下，牠們還是可以接收你所有的訊息。又或者只是單純的陪伴，也可以為牠們製造出一種安心的感覺。

大部分的人都會花很多的時間擔心死亡的來臨。我覺得，倒不如好好地珍惜彼此相處的每一天，並利用這段時間讓自己坦然接受死亡的到來。那麼在死亡真的發生的時候，你們彼此都可以 move on，牠可以很快地進入白光，而你也可以很快地繼續自己的生活。

所以當寵物往生的時候，想些美好的事物給予牠祝福吧。即便牠們的靈魂已經離開了身體，但這並不表示牠們會永遠消失，總有一天，你們一定會再次相遇。

如何處理寵物的屍體

對應頻道265集

這篇文章想討論寵物的屍體該如何處理。有網友想要知道，海葬和樹葬對於動物投胎轉世或者其它的事情會有任何影響嗎？因為曾聽人說，有動物託夢，說海很冷、樹很重之類的，讓這位網友好奇埋葬寵物的方式是否會對他們的靈魂產生任何的影響。

在回答問題以前，讓我們簡單地討論一下「生命」。生命的構成需要身、心、靈三個元素。為了在這一輩子克服人生功課而讓靈魂進化，意識的形成是非常重要的，因為它會啟動我們的情緒，促使我們為了擁有美好的情緒而努力。而意識往往是透過這輩子的人生平台（家庭背景、社會環境、宗教文化信仰等等）塑造而成，也就是說，一個靈魂在不同的環境下成長，自然會有不一樣的認知與觀念。

接著我們再討論一下「死亡」。人在死亡的時候同樣會分化為身、心、靈三個部分，也就是佛教裡所說的三魂。靈魂會離開自己的身體，而身體則會腐化，剩下的則是你在這輩子所培養出來的意識（往往與你生前的種種情緒相互牽絆）。人因為無法割捨情緒與意識，所以在死後會成為鬼，這也是讓他們遲遲無法進入白光的主要原因。通常人的意識會隨著時間被沖淡，一旦有附著物，那麼他們在人間殘留的時間可能就會比較久。也就是說，人一生所培養出來的意識比較像是一種能量，在沒有任何附著物的狀況下，意識能量會隨著時間慢慢消耗。

所以人死後會發生三件事：你的靈魂會離開身體，而身體會慢慢地腐爛，意識能量則會隨著時間的流逝被消耗掉。這也就告訴我們，任何生物一旦死亡之後，靈魂與身體就沒有任何直接的關係，因為身體遲早都會腐爛、被分解。因此，無論你選擇什麼方法來處理一個屍體，對該靈魂來說，都沒有任何實質上的意義。因為靈魂一旦離開了這個身體，就表示這個身體對祂已經沒有任何的存在價值，祂應該學會放下並安排下一個旅程。這也表示死後的任何儀式，往往是為了滿足在世的人，而不是往生者。因為我們希望透過葬禮的儀式來表達自己對於往生者的思念與愛，又或者是我們在他們生前無法彌補的虧欠。

回頭來回答網友的問題：寵物的屍體要如何處理？我會說：與其執著於埋葬的方法對於寵物會有什麼影響，倒不如問問主人想要如何安葬自己的寵物。因為這對於主人的影響遠大於已經往生的寵物。因為靈魂一旦死亡，便與生前的身體是完全脫離的狀態，人們選擇的埋葬方法往往是為了讓自己在往後的日子覺得心安，而非真的能夠為寵物的靈魂做什麼改變。

當然，也有許多人不認同這種說法，他們說：「我的母親會回來託夢，說自己的墓地雜草叢生、水氣太重……」我曾經說過，會夢見往生者來託夢的，大部分是因為人們的潛意識裡還有放不下的情緒，所以才會將自己對於往生者的思念投射在夢裡。因為每個人的宗教背景、成長環境不同，有些人可能覺得海葬是件很神聖的事，有些人則不這麼認為。假設我的文化教育背景讓我覺得土葬才是最好的方式，但在成長的過程裡我被說服海葬也是一種方法，然而當我真的對親人／寵物進行海葬的時候，心裡一定會因為違反傳統而產生罪惡感。因為即便自己想要有所創新，但這樣的舉動卻與大眾信念背道而馳。其實大部分的人不會注意到這樣的罪惡感（就是我覺得自己應該執行A，卻選擇B的罪惡感），往往是在日積月累之後才會慢慢浮上檯面。就像我曾說，任何你沒有處理的情緒，往往會變成你需要面對的功課。這個時候，我們就會覺得親人或是寵物回來託夢告訴自己，他們並不喜歡我們替他們所做的安排，或是把內在的罪惡感折射成為他們的抱怨。

也有很多人言之鑿鑿地反駁，親人託夢絕對不是自己幻想出來的，因為當他們前去查看時，發現狀況真的就像親人在夢中形容的一樣。其實這要從「宇宙下沒有任何秘密」這個原則開始解釋，也就是在任何地方發生的任何事，只要感官比較敏感的人可能都感受得到。就好比一個人很久沒有去掃墓，潛意識裡會一直掛念著這件事，即使他的生活非常忙碌，但是當內心的罪惡感累積到一定程度之後，就會在夢裡顯現出來。特別是在親人身上，由於某部分的基因連結的緣故，所以當屍體有任何感受時，自己的身體在共振的情況下也會有些許的感應，進而以親人託夢的方式反射在夢境裡。而寵物則是因為自己的思念在無形中一直附著在寵物身上，自然而然地形成一條細微的感應鏈，讓你對牠的實際狀態有所感應。

無論你選擇要如何處理寵物屍體都可以，但重要的是，你對於「埋葬」這件事有什麼樣的看法。做你覺得對的事，而不要去做別人說服你的事，因為你知道自己如果沒有照著心裡真正的感覺去做，那麼你的內心就總會有質疑自己的罪惡感，而那些感覺才是你遲早必須面對的喔。

當你可以開自己玩笑的時候，這世界就再也無法拿任何事來攻擊你

★

對應頻道 274 集

相信每一個人的內心都有不想讓別人發現的秘密。它可能是其實大家都知道，只有你自以為沒有人知道的秘密，也有可能是虛假的，只有你一個人信以為真的秘密……無論它是什麼，基本上就是你一直不想讓別人發現的關於自己的事。就拿我自己來舉例，我從小到大就不喜歡人們注意到我的膚色或我會通靈，即便這些特質再明顯不過，

根本沒有人會當成是一種「秘密」，我也不想讓人家知道。還有，所謂的秘密也可能是人們很熟悉的句子，例如：「我不夠好」、「我很笨」、「我沒有人愛」……基本上，我指的就是那些你信以為真，並且努力隱藏不想要讓他人發現的事情。

之所以談到這個話題，是因為有一天我看了兩部令人振奮的影片。其一是一名個性溫和順從的巴基斯坦女性，在家人的安排下進入了一段婚姻，但是一場車禍導致她半身不遂，甚至被醫生宣告她在未來的日子只能等死。不過她卻決定要開始改變自己的人生，逐一面對自己所有的恐懼，花了九年的時間，她完全地翻轉原本已被判死刑的人生。

其二則是一部示範如何應對霸凌者的影片。大部分的霸凌者都會用高壓強勢的方式對待被霸凌者，在如此具有壓迫性的情況下，被霸凌者往往會覺得更加的無力且膽怯，或是想要以相同攻擊性的口吻與態度回應霸凌者。但因為霸凌者的言辭裡多少說中了被霸凌者內心的痛處，以致於他們無論做任何的反應，內心都有種空虛又無能為力的感覺。但在這部影片中，當霸凌者不斷地以壓迫又具傷害性的言語，像是「你好笨」、「你好醜」、「你打扮得像個小丑一樣」做人身攻擊時，被霸凌者卻以一副「我知道」並自嘲的口吻來開自己的玩笑。當他不去餵養霸凌者的情緒，他的反應也不在霸凌者的預期之中時，竟然讓霸凌者慢慢地不知道還能夠說什麼來欺侮他。

這幾部影片讓我回想起一直以來不斷與大家分享的：「愛自己會是你追求靈性旅程的第一堂課。」所謂的「愛自己」不單單是接受自己的優點，也包括接受自己的缺點，Find peace with all the flaws in you。有許多人找我諮詢時，常跟我解釋他們來自於一個破碎的家庭，但現在已經學會遺忘它，或是不在乎那些過去。我曾經也以為這是最好的解決方法，但在靈性的旅程中，我發現每一個人都必須回頭重新審視，並接受與面對自己那段不好的回憶，才能真正地學會放下。之所以選擇逃避，往往是因為內心還有無法正視的恐懼，而那正是我們必須學著克服的功課。

每個人都有必須面對的功課，因為這是讓靈魂成長的一個過程。而處理功課的第一步便是去面對自己的恐懼，去了解自己為什麼害怕以及為什麼會有這樣的平台產生，因為那都是靈魂為了幫助我們成長而精心策畫的鋪陳。所以無論現在的你幾歲，愈早面對這些恐懼，愈早活出你想要的人生。許多人認為霸凌之所以發生，是為了懲罰自己的靈魂，但這種平台的鋪陳更可能是為了幫助你成為更強壯的靈魂。在宇宙凡事一體兩面的情況下，所有不好的事件裡都隱藏著好的效應與結果。所以你要做的是去尋找那個好的效應到底是什麼，而不是將所有的注意力集中在不好的一面。

透過審視並了解自己為什麼不想要讓人知道的那一面，可以幫助你接受全然的自己。因為一旦你開始接受那樣的自己，你自然就沒有隱藏它的必要，不必一直讓自己活在害怕被人發現的戰戰兢兢之中。你可以敞開心胸地開自己玩笑，不在乎別人究竟說了什麼。你或許真的比別人笨、胖、黑……但無論你今天長什麼樣子，都是你的靈魂投胎之前就精心策畫好的，是為了幫助你完成人生目標的最好裝備。或許別人會笑你矮、額頭高、皮膚黑、會通靈，但這都是你選擇來克服自己人生功課的一部分，無論它是什麼。所以當你可以開自己玩笑的時候，這個世界上就再也沒有人可以傷害到你了。

靈魂投胎的目的在於成為更好版本的自己，因為人在死後只會反省自己的一生。雖然我不知道你們想要成為的更好版本會以什麼樣的模式呈現，但是在靈魂具有獨立個體性的前提上，你們都需要透過自己的努力去尋找那個最好的版本究竟是什麼。然而，一個靈魂如果總是被恐懼糾纏，那麼祂極有可能會因為害怕而無法前進或有任何改變，那麼自然無法達到那個目標的版本。這也是為什麼靈魂如果要繼續朝著未來的方向前進，要做的第一件事情便是克服自己的恐懼。因為恐懼會讓靈魂感到沈重，變得躊躇不前。想像每一個恐懼都像是五公斤的鐵鍊綁在自己的腳上，那麼你要如何學會前進？

人生一定會面臨到我們恐懼害怕的事情，愈是能盡早面對，就能愈早開創自己想要的人生。今天無論你們的恐懼是什麼，都讓自己從小的、較簡易的方向開始著手，一個個地去面對。唯有當你面對恐懼，你的靈性肌肉才有日漸強壯的機會。就好比我花了大半輩子的時間來隱藏自己的通靈能力，如今我早已不在意別人知不知道我通靈，人們卻反而不相信我真的通靈。又或者當別人開玩笑說我是「巫婆」時，我也可以很坦然地回應說：「對喔，我真的是個巫婆。」因為如果我的靈魂選擇通靈的技能來投胎，是為了幫助自己成為更好的版本，那我又怎麼會在乎別人怎麼看我、怎麼說我呢？他們眼中的好與不好並不能幫助我達到我的靈魂想要的那個版本。現在的我知道的是，埋藏在心裡的恐懼就算過了十幾年後，仍是恐懼，它不會讓你的生活變得更好，反而會讓你更加害怕走出自己的黑洞。

所以不要總是急著隱藏那些「秘密」，也不要以為逃避是解決問題的最好方法，又或者是時間會淡化一切。**有些傷害你的事件之所以發生，不是為了要打擊你，而是為了幫助你成為更好的靈魂**。當你學會與自己的黑暗面共處，並開自己玩笑的時候，你會發現再也沒有隱藏任何秘密的必要。因為這是你的人生與旅程，應該由你自己來創造。好好地面對自己的恐懼，學會一一地處理它們，我相信你自然而然地會成為一個更強壯的靈魂喔。

給有經濟壓力的人一點財務建議

對應頻道 276 集

今天想要透過這篇文章分享我個人的一點財務建議。在過去的諮詢裡，我很常遇到有經濟壓力的客戶，但從他們諮詢的內容來看，我覺得那更應該像是理財規畫的常識，不該是拿來詢問靈媒的問題。所以希望藉此機會跟大家分享我的經驗，給各位做個參考。

不過在開始之前，先讓我大概地解釋一

下「壓力」。相信大部分的人知道所謂的壓力其實是源自於腦子裡所創造出來的故事。很多時候，真實的事件並沒有發生，只是我們在腦子裡不斷地預測未來可能會發生的事情。所以不自覺地在沒有解決方法、又不知道該如何處理的情況下任由這樣的想法不斷發酵，便在內心為自己創造了很多壓力。同樣的道理，大部分來諮詢的人並不是真的沒有錢，而是擔心以後會沒有錢，或是擔心自己花太多錢……。之前的文章曾提到，如果你開始懷疑自己是不是花太多錢，那事實是你鐵定花太多錢了。因為人們是有感知的動物，所以大部分的情況下，都會對自己的行為舉止稍有覺察。

所以與其擔心自己是不是花太多錢了，不如藉此機會好好地思考自己究竟是在哪裡花了很多錢。在諮詢經驗裡，很常有人詢問要如何變有錢。但其實「沒錢」與「有錢」都是十分抽象的名詞。因為每當我詢問客戶多少錢叫「沒錢」，多少錢叫「有錢」時，大部分的人是回答不出來的。很多人說，如果每月的戶頭都是赤字就是「沒錢」，但一旦問他們赤字超出多少？收入是多少？支出是多少？花費項目又是什麼的時候，人們卻一點概念也沒有。這讓我漸漸地發現，大部分覺得自己很窮的人的共通點──他們往往對於自己的收支情況並沒有很好的概念。

此外，我曾說過人們會創造自己的實相。每天都抱怨自己沒有錢，又要如何創造出富有呢？你每天跟宇宙下的訂單，就是你現在所顯化的實相。在宇宙沒有是非好壞的前提之下，你每天掛在嘴邊的句子自然會成為宇宙回應你的訂單。所以我想要給各位的小小建議是：如果你理解我說的：「大部分的壓力都源自於你的腦子所創造出來的畫面」的話，那麼試著把你的壓力寫在紙上吧。這個舉動雖然不會幫助你解決問題，卻可以讓你腦子裡那些混亂的思考變成明確的、可以解決的事項，而不是一個不斷發酵膨脹的想像。

接下來，對於自己的財務不是很清楚的人，我建議各位花點時間好好地將自己每個月的開銷明確地列出來，無論是現金或信用卡消費。如果不是很清楚自己開銷的人，可以利用接下來一兩個月的時間，好好地計畫自己的每一筆支出。這樣你就會很清楚地知道，自己每個月的開銷都花在什麼地方。然後當你把所有的開銷都記錄下來的時候，我希望你可以回頭仔細地將那些開銷分成「需要」以及「想要」兩大類。所謂的需要可能是你的每月房貸（租）、水電費、伙食費等等。想要則可能是衣服、鞋子、包包、手機、電腦、電影，或是每天一杯的星巴克咖啡等等。當每一樣開銷都記錄下來並歸類之後，你應該會對每個月的收支有個明確的概念，能夠很清楚地知道為什麼自己明明是雙薪家庭、兼兩份工，卻到月底就入不敷出。

一旦明白自己的開銷遠大於收入時，你可以先從「想要」的項目開始著手。由於每個人的收入不一樣，需要的開銷也不同，所以學會預算控制是很重要的一環。如果你省吃儉用，但基本開銷還是大於收入的話，那麼你就必須思考如何增加收入，又或者是如何減少你的基本開銷。比方說你的實際薪水是四萬，但你要花費兩萬多元在房租上時，你就必須考慮要不要與人合租來減輕房租的壓力。就好比許多人會將家裡的空房間租給寄宿學生以減輕房貸壓力的意思一樣。

與其將「沒有錢的壓力」一直困在自己的腦子裡，最好的方法其實是將它們全部寫下來，以清楚的數字呈現在你的眼前。這樣你的腦子自然會有比較明確的觀念可以幫助你尋找解決辦法，並且可以有效地規畫預算以及控制自己的開銷。

此外，常常有很多人抱怨自己明明賺很多錢，卻怎麼也存不到錢。首先，我會建議各位存錢以前先給自己一個明確的目標，也就是你究竟想要存多少錢。假設你想要在一年內存十萬元的話，那麼就往回推算自己每個月要存多少的錢，而這個數字在你的收支表裡是否合理。如果合理，那麼就把這筆金額列入每個月的「基本開銷」裡，也就是每個月你領到薪水時，就第一時間將這筆錢存進不可動用的戶頭裡，然後再依照你所剩餘的金額去規畫。你也可以尋求投資理財顧問的建議，看看是否有什麼有效率的方法，又或者是可以做什麼樣的規畫與投資，讓自己可以在幾年之內達到目標。

在吸引力法則的推動下，人的壓力若沒有妥善處理，只會形成更大的壓力。這也是為什麼人們讓自己長期處於壓力狀態下會習慣性地抱怨宇宙遲遲不回應他們的訂單的緣故。花點時間好好地思考什麼樣的結果才是你想要的，並有計畫地去尋找解決的辦法，而不是一味地讓壓力持續在腦袋裡擴大與發酵。如果想要擁有富足的感覺，就不要讓自己一直沈浸在壓力帶來的窒息感裡。當然，除了財務以外，這樣的方法也適用在生活的各個層面。

此外，我覺得很多人的財務壓力其實都來自於信用卡，因為刷卡的行為讓消費顯得格外地不真實。我個人覺得如果各位沒有辦法每個月付清卡費的話，最好的方法就是直接將信用卡剪掉，或是盡可能減少信用卡消費，特別是在你們感覺經濟壓力很大的時候。很多人的壓力其實是來自於信用卡的利息，任何一家信用卡公司的每年利息大約都在20%左右，也就是如果你的卡費的年度總消費是一百萬的話，那麼在每個月只付最低額度的情況下，你每年的利息大概就是二十萬左右。在這種高利息的情況下，有時候我甚至會建議先向銀行借用利息較低的信用貸款來還清利息較高的信用卡費，以避免高利息的惡性循環。利息是一種會惡性循環的事，雖然有很多人覺得自己向高利貸借款是為了救急，但任何的借貸都應該先確認利息多少，再好好地衡量它是否合理，以免未來成為財務的主要壓力來源。

壓力源自於腦子裡有太多理不清的問題，所以將壓力寫在紙上會是減少壓力的最好方法。由於金錢本身是物質，得透過邏輯來解決它，而不是透過情緒或是求神拜佛。把財務問題轉換成簡單的數學題，你自然可以找到解決它的辦法。養成對自己的收入與支出有明確的概念，可以幫助你規畫接下來的財務收支，而不會讓自己一再地陷入「我沒有錢」的困境當中，進而不斷地向宇宙下錯誤的訂單喔。

如果你的世界讓你感到窒息，那就去擴展它

對應頻道 280 集

在諮詢時，我很常聽到類似的想法：人們覺得自己的世界裡的每一個重心與目標，都讓人有窒息的感覺，他們覺得自己一直受困其中，反倒開始懷疑人生的意義究竟為何，以及該怎麼走接下來的路。這樣的想法在青少年之間尤其普遍。即便我們已經生活在一個比較開明的時代，但還是有很多父母會下意識地想要控制他們的小孩不要犯錯，

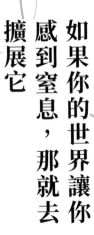

又或是教育他們什麼該做、什麼不該做。

各位應該很常在我的文章看到這句話：人之所以投胎是為了找到那個更好的自己，創造出我們想要的未來，並且藉由克服人生功課來達到人生目的。正因如此，生命中所遇到的難題並不是為了要打擊你，而是希望你能夠學習去突破，並從解決問題的過程中得到成長。

於是在學習的過程裡，重要的是先找到我是誰、我在哪裡、我會什麼、懂什麼、可以從什麼地方開始，又可以對外做出什麼樣的貢獻……。由於人生道路上的自我定位很重要，所以各位應該不難發現小孩子在一到十歲這個階段會有很多跟「我」有關的問題，包括我是男生還是女生？我喜歡什麼顏色、食物、運動、音樂等等，這些都是人們開始在尋找「我」的一個過程。

一旦找到「我」，人們就會在青少年時期開始用這個定位去拓展自己的世界，過程中他們會犯下許多的錯誤，遇到不對的人事物，甚至做一些愚蠢又瘋狂的舉動……進而去體驗與認知這個世界有多麼廣闊，也在這個過程開始選擇拋棄或是保留原有的認知，然後再慢慢地穩固他們成年以後的生活模式。靈魂的發展模式往往是從兩個極端慢慢地集中，找到屬於自己的平衡點，就如同幼年時的我們從什麼事都不太敢做，到青少年時不經思考的種種衝動，再到成年以後慢慢地趨向平衡。

不過，很多父母卻是以反方向操作，特別是國外的父母，在小孩年幼的時候會鼓勵他們自由發展，但是一旦他們進入到青少年狀態，則反而開始有很多的限制，並盡可能地阻止他們犯錯。當然，我不是鼓勵各位盡其所能地犯所有的錯，但身為青少年父母的角色應該是引導而不是限制。我們可以對孩子們講解任何事情的後果，但也必須要有放手讓他們自己去嘗試與體驗的勇氣。父母可以引導孩子創造出他們想要的生活，而不是限制他們，或是要活出父母加諸在他們身上的未來。

很多父母害怕小孩犯錯，而處處限制他們，並替他們決定未來的路該怎麼走。有些父母總是替小孩回答問題，並不斷地替他們決定應該喜歡什麼、學什麼，又或者是追求什麼……這樣的行為模式久了，小孩失去了自己的聲音和自我思考的能力，更害怕會犯任何的錯。他們在回答問題前總是先觀察父母的反應，做任何事情之前總是要先得到父母的認同。還有些父母在小孩成長的過程裡有數百種限制，一旦孩子長大成人，卻又像放養一般地全然放手，認為孩子在遵守了這麼多年的規矩之後應該懂得如何照顧好自己，卻忘記他們從一開始就沒有機會去訓練自己的肌肉，在被突然放手之後又怎麼知道要如何運用？一直以來他們都是過著「被告知」的生活，所以在面對人們要求他們自力更生的時候，自然會格外地徬徨無助。

人生就像是一段在擺盪中學習平衡的道路，在人生的各個階段，我們會從膽怯害怕的童年到無所畏懼的青少年時期，再慢慢地回到較為中立的成年時期。但是在大多數的父母害怕孩子犯錯而處處限制的情況下，他們根本沒有機會為自己找到生命的平衡，更不可能在他人的要求與期待下找到自己。因為他們認知裡的世界並不是由他們自己開創出來的，而是被告知的。也由於他們一直以來都忙於滿足他人對自己的期望，也讓他們慢慢地忽略自己的感受，進而迷失了自己。正因為他們的靈魂從來沒有得到任何伸展的空間，才會使得他們愈來愈感到窒息。

我常說輪迴是一段自私的旅程，靈魂之所以投胎是為了幫助自己成為更好的版本。靈魂具有獨立個體性，所以每個人的旅程都是獨特的，所要達到的目的地自然是各有不同。除了你自己，沒有任何人可以教導你如何活出一個更好的人生。

我很常遇到對人生感到無助，甚至常常在生活中感到無法呼吸的客戶。我真心希望你們能夠換個角度思考：或許你認知裡的世界從一開始就不是適合你的世界，或許你從來沒有被給予機會去試著開創自己的人生，才會造就你現在的窒息感。若是如此，那麼無論現在的你幾歲，請花點時間好好地思考：「我找到自己是誰了嗎？」「我究竟想要成為什麼樣的存在？」因為這段輪迴旅程是自私的、專屬於你的，你要如何成為一個更好的自己，又要如何達到自己想要的那個未來，這才是你應該著重並放手去做的事，而不是一味地想要滿足他人對你的期望與標準。一旦你找到那個目標，那麼你就更應該放手去做，無論失敗與否，又或是有什麼樣的外在環境限制，你的靈魂都會知道你所做的每一個努力，都是為了幫助祂成為一個更好的版本。

我們活在高科技的時代，網路上有許多免費資源，只要你有心，幾乎可以藉此學習任何的技能，而不是任由種種的藉口來限制自己的發展。人只要有心想要達到某一個目標，宇宙就會為你發展出各種可能。如果你覺得自己的世界被層層的圍牆限制住，那就勇敢地走出去，好好地探索並體驗究竟什麼樣的生活才是你真正想要的。

很多事得要親身經歷過、犯過錯，才會知道適不適合自己。藉由這些行動慢慢地找到自己的平衡點在哪裡，也會開始體驗到原來這個世界遠比自己想像的還要廣闊。人們很容易受困在自己的小世界裡，覺得未來完全沒有出路，但這種監獄般的感覺大多是自己想像出來的。你人生的每一個選擇都決定在你自己的手裡，只要你願意探索，你的高靈一定也會為你安排許多的資源。你要做的只是鼓起勇氣，大膽地離開這個讓你感到窒息的世界，去嘗試一些自己從來沒有做過的事，去拓展自己的世界觀，那麼你才有機會看到不一樣的可能性，進而體會到這個世界遠大於你的想像，也才有機會好好地找出你的靈魂想要的究竟是什麼喔。

如果人生是鋪陳好的，那又為什麼要與命運對抗？

★

對應頻道281集

相信長期追蹤我的朋友們應該很常聽到「人生藍圖」這個詞。意思是說，在這一輩子裡，我們會有什麼樣的平台，遇到什麼人、事、物與功課，全都在藍圖的規畫裡面。也因為這樣的說法，難免讓人覺得困惑：如果人的一生都已經在藍圖計畫裡，那我們為什麼還要那麼努力地與命運對抗？

我希望能藉由這篇文章的解釋，讓大家

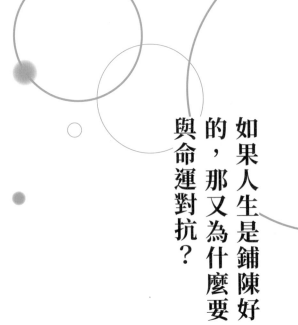

知道它們並沒有相互抵觸的地方。

首先，我說過所謂的「人生藍圖」與他人、物質沒有任何的關係，包括你未來會和誰結婚，買什麼房子或車子，又或者是做什麼工作。「人生藍圖」本身比較著重在靈魂內在的進化。就好比你這一輩子想要學習如何去愛，那麼你的平台在設計上可能會讓你在童年時感受不到愛的感覺，中期會發現這樣的行為模式無法讓你得到愛，而後期會透過改變自己的行為模式慢慢地找到愛人的方法。或者是想要學習信任的人，可能會有個無法信任任何人的成長背景，以致於可以慢慢地學習克服這個功課，進而找到可以信任人的方法。

當然，各位一定會好奇，為什麼想要學習的事物都會與平台的設計背道而馳？這源自於人們在快樂的情境下往往無法學習，唯有透過親身體驗磨練與考驗的痛苦之後，才會為了避免相同的事情重演而強迫自己成長與改進。這也是為什麼一出生就感受幸福與愛的人，不會想要對現有的人生做任何改變；而渴望被愛卻無法感受到愛的人，會潛意識地想要做些改變以達到未來可以被人愛的結果。透過一次又一次的體驗所學習到的領悟，會深植在靈魂的記憶深處，等到有一天必須從這個身體離開時，我們可以帶著這些領悟進化到下一輩子。在凡事皆為一體兩面的前提下，安逸會造就人們的理所當然或是懶散的態度，而困苦的環境會激發人們改善的欲望。

而「人生藍圖」之所以與物質沒有任何關係，是因為一個人所接觸到的人事物，可能會因為自身振動的不同而有所轉換。舉例來說：對一個五歲小孩來說，十元可能就算有錢，但對一個四十歲的人來說，十元根本連有錢都談不上。對貧窮人來說，一百萬能夠改善一輩子的生活，對習慣奢華的人來說可能還不夠一個晚上的消費。這也是為什麼在人生藍圖的鋪陳上，很少有物質的定位，而是更著重在精神層面上的感覺。因為一旦感覺是明確的，周遭的物質自然會隨著你當下的振動而有所改變。而這也解釋了為什麼吸引力法則只會回應你是誰，而不是你想要什麼。

現在讓我們回到問題上，為什麼人生藍圖已經計畫好了，你卻還要與命運對抗？這就像是你出門時已經預計自己要到某個目的地，在設定 GPS 時總會給你幾個選項。行程中如果不小心脫離了軌道，GPS 就會重新計算你的路線，但最後一定還是會帶領你到達想去的目的地。

人生藍圖就好比是你要到某個目的地的決定，正如 GPS 一樣，你的人生不會只有一條路走，而是有各種路線供你選擇。你認知裡「與命運對抗」的過程，就像實際開車上路一樣，因為如果不上路，你就永遠不可能到達那個終點。這也是為什麼在過去的諮詢裡，有許多人質疑自己是不是偏離人生軌道時，我都千篇一律地回答「不可能」。如果你理解人生藍圖的安排，你就會清楚地知道，今日無論你選擇哪一條道路，或是用哪一種方式到達，你的靈魂都會重新計算路線以幫助你到達你想要的目的地。

靈魂是一種全知的存在，在安排來投胎之前，祂就已經思考過各種你可能會選擇的選項，特別是與你一同經歷了一世又一世的輪迴之後，祂們格外地清楚你真正想要的究竟是什麼。所以即便在人生的旅途中你選擇轉換跑道，那也全都在祂們的計畫範圍之內。沒有哪一條路是正確的路，而是每一條你所選擇的路，無論在人類的觀念裡是好是壞，全部都會帶領你走向那個終點。因為命運本身並沒有任何的物質標準，它就像是到達目的地的路線，而你的努力則像是你要用什麼方式到達。無論你選擇步行、騎腳踏車、開車或是坐飛機，你可以選擇沿路欣賞風景慢慢地走到你的目的地，也可以選擇早點到達目的地，利用多餘的時間去享受你辛苦得來的成果。如果這一輩子沒有辦法達到靈魂想要的結果，那麼頂多是帶著到目前為止所學習到的領悟到下輩子再繼續努力罷了。但無論如何，如果「人生藍圖」等同於目標的話，那麼「努力」這兩字就等同於你的行動力，所以你人生想要得到什麼，都得要去執行之後才能有所收穫。

不過，即便我這麼解釋，還是有許多人認為：反正不管我選擇哪一條路都會到達那個終點，那麼我什麼事都不做不也可以到達那個終點？這樣的問題就好像在問：如果不出門，是否也可以到達西雅圖？沒錯，你或許可以從網路上查到西雅圖長什麼樣子，有什麼景點或美食，但那些體驗永遠不會是你的。就好像你眼睛看到的美食永遠不會吃進你的肚子裡是同樣的意思。如果你什麼事都不做的話會不會到達那個目的地？答案是：如果這輩子什麼都不做，那麼這一輩子一定不會到達那個目的地。但在「這輩子沒做完的功課，永遠會成為下一輩子的功課」的前提下，你下輩子做同樣功課的機率絕對是百分之百。所以無論如何，你一定會到達那個終點，只是不知道是哪一輩子。而且別忘了，拖延的功課往往還有附加利息，它不會變得更容易，只會變得更困難。偶爾擺爛就像是走累了想要休息一下，而經常性的擺爛就好像決定不再繼續走下去，一直在原地踏步。人生是你自己的，你要用什麼方式到達那個目的地，或是以什麼速度前進，全都是你自己的選擇。

只要記得，你所能吸引的物質、生活條件全都取決於你的振動，而你所做的努力會決定你會以什麼樣頻率在振動著，以及顯化出什麼樣的生活水平。當你幫助靈魂到達祂想要進化的終點時，你沿途的振動也會因此改變，進而改善你的生活品質，你所學習到的每一項領悟，也都會成為改善生活的技能。

為什麼在生活中很難找到真正的平靜

對應頻道283集

有一天跟老公散步的時候，他突然問我：「你不覺得在生活中很難找到真正的寧靜嗎？我們明明生活富足，衣食不缺，但就是無法讓腦子靜下來，總是會有一些無濟於事的擔心。」

我回答：「通常在生活中找不到真正寧靜的人，是因為他們從來沒有在自己的內心找到過真正平和的感覺。」

老公覺得這是一句大家都聽得懂的話，但它真正的意境卻很難理解與做到，因為現實生活裡總是有許多瑣碎繁雜的事，真正能夠做到內心平靜的人並不多見。

但那大多是因為人們對於「平和」有種既定觀念，在一味地想要追求平和的情況下，反而會因為自己一直無法到達那個狀態而製造出更多煩心的問題。真正的平和是存在於任何狀態的，而這也正是為什麼人們必須要去接受、擁抱、了解真正的自己，並且去了解為什麼我們選擇了這樣的平台以及鋪陳這樣的功課，因為那可以幫助我們以更廣的視野去了解生命的意義，進而達到平和的狀態。在一味地逃避的情況下，人們不可能找到寧靜，而是必須等到自己有那個能力去面對與克服之後，內心才有辦法真正地放下這件事。

我個人覺得一個人願意投資時間去「找到自己」是一件很重要的事情，無論是幾歲的你做出這樣的決定。因為尋找自己並沒有時間早晚的差別，只是生命輪迴的一個過程罷了。每個人在一生中一定會有想要找到自己的一段過程。我在很久以前就建議老公去找到自己，但他總是有許多無法放下的藉口，也不認為他有時間投資在自己身上，他總覺得等到自己有時間的時候自然會去做這件事，卻沒有意識到時間不會自己找上門，而是必須自己創造出來。

很多人認為尋找自己就必須要離家出走，或是為自己安排一場遠走高飛的旅行才行，但其實尋找自己是一件隨時隨地可以執行的事。因為人們會花很多時間與自己相處，只要人們願意自我反省與思考，通常比較容易找到自己。但是自我反省與想太多是不同的，想太多的人往往會過度放大自己內心的情緒，卻不願意在生活中有所作為，這樣的結果往往導致人們覺得自己花了好幾年的時間在尋找自己，但到最後還是覺得迷惘沒有方向的原因。因為他們並沒有付諸尋找自己的行動，只是任由情緒將他們困在思考的漩渦裡。然而懂得反省自己的人總是想要在生活中做出一點改變，也比較願意付諸行動去創造那樣的改變，無論是不是他們恐懼害怕的事。

而所謂的「自我反省」其實是建立在一個簡單的問題之上，那就是「我想要成為什麼樣子的人？」今天在沒有任何外在條件的約束下，我的靈魂究竟想要成為什麼樣子的人？而你想要成為的這個樣子，必須有辦法在任何的情境與環境中呈現，而不是得要有特殊的環境條件才有辦法讓你成為那樣子的人。也就是說，如果一個人想要成為一個懂得尊重的人，那麼無論貧富，又或者他所面對的人是誰，他都有辦法成為那樣子的人。你生命中的種種鋪陳，都是為了幫助你成為那樣子的人，所以也自然會反應在生活的各個層面。

此外，為了成為那樣子的人，靈魂自然是期望你可以從錯誤中得到學習，而非希望你永遠不會犯錯。大部分的人由於害怕犯錯與被批判，所以總是在遇到錯誤的時候會過度地貶低與指責自己。但如果你了解錯誤只不過是到達成功前的必然的話，那麼你自然會對自己寬容一點，允許自己透過每天的一點點進步，幫助自己慢慢地達到目標。

這樣的觀念對一個想要找到內心寧靜的人來說是非常重要的，因為真正讓你感受到平靜的是每天一點一滴進步的過程，而不是那個你的靈魂清楚地知道自己遲早會到達的終點。你的靈魂之所以會焦慮，往往是因為現實生活裡，你選擇了什麼都不做，又或者是擺爛、躊躇不前的態度。大部分的人在完全不知道目標在哪裡的情況下，往往會以過一天算一天或「順其自然」的心態過日子。即便他們清楚地知道現在的生活並不是他們想要的，但也不想要為此做出任何改變。但這樣的心態即便過了幾十年也不會變動，因為人們用來說服自己的「順其自然」，並不等同於內心的平靜。

但如果人們每天願意花個五到十秒的時間，好好地問自己究竟想要成為什麼樣子的人，並願意盡自己的一切努力讓那樣的事情發生時，那麼自然會有動力來幫助自己前進。即便遇到挫折，也會因為你的目標明確，而可以很快地找到解決的辦法，或者是重新站起來。人們之所以很容易放棄，大多是因為沒有目標，這也是為什麼他們在面對挫折的時候很容易感到挫敗，並會在腦子裡出現「我接下來該怎麼辦」的句子。一旦他們沒有辦法為這個問題找到答案，往往會選擇回到舊有的生活習慣當中。因為無論好壞，那都是他們所熟悉的。

所以，與其不斷地將「我不知道該怎麼辦」掛在嘴上，讓宇宙顯化出一個你永遠不會知道該怎麼辦的世界，不如每天花幾秒鐘思考自己究竟想要成為什麼樣子的人，以及你可以做什麼去幫助靈魂達到那樣的目標。因為一旦人生有目標，就比較不容易受到打擊。即便失敗，也可以再接再厲，換個方式重新出發。因為靈魂會知道，今天無論你選擇了哪一條道路，最後一定都會將你帶到你想要的結局。靈魂害怕的不是你去嘗試後所面臨的失敗，而是你害怕失敗而不願去嘗試的心態。無所作為才是你無法從生活中找到真正平靜的主要原因喔。

當感情再也走不下去的時候

★

對應頻道284集

在我的諮詢生涯裡，經常遇到客戶來諮詢感情問題。除了另一半出軌之外，最常見的情況是明知道對方不是合適的對象，卻讓自己一直困在這種不對的關係裡。這種關係不論長短，雙方都清楚地知道彼此不適合，也看不到未來，卻害怕一旦分開就再也遇不到那個對的人。在這種老是擔心的無限循環裡，他們變得愈來愈焦慮，也愈來愈對未來感到迷惘。

我相信大家常聽到我說：「你是你宇宙的中心，你的思想會創造你的實相。」每個人的人生都難免有懷疑無助的時刻。但事實是，每個人選擇輪迴投胎都是註定會被人愛的，無論那個人是否以你的另一半身分出現。他可能不是你所期待的樣子，也或許不是你想要的身分，但每個人都有人愛的事實是無庸置疑的。所以當你質疑自己會不會有人愛時，只要知道這個答案是肯定的，在世界的某個角落必定存在一個懂得愛你的人。

既然如此，為什麼你到現在還遲遲遇不到對方的出現呢？

因為在大部分的情況下，靈魂會依照自己的進化程度來決定自己在什麼時間點會遇見什麼樣的人。我們生命中所期待擁有的每一件事，往往是靈魂為了鼓勵我們願意為自己努力所能得到的獎賞。也就是說，一旦你朝著靈魂當初為自己設定的方向走，你自然而然會遇到命中註定的人。只不過大部分的人只著重在活出他人的期待，或是受自己的恐懼束縛而裹足不前，唯有當身旁的所有資源耗盡，覺得自己窮途末路，才會想要做出一些改變。但「改變」說起來很簡單，執行起來卻非常困難，人們往往更希望對的人可以憑空出現來拯救自己。在這樣的心態下，自然不會在生命中看到任何事情發生，更不用提會遇到那個適合自己的人了。

靈魂的旅程就像是升學，人人都想早點畢業得到大學文憑，但是每一個人各自在升學的不同階段，如果想要畢業拿到文憑，就必須持續研讀，而不是因為種種原因放棄學習，或是理所當然地認為自己就算不讀書也可以畢業。我們常常只會羨慕別人已經得到的，卻從來不去思考他們為此所付出的代價。我們極度渴望得到他們得到的，但又不想為自己做任何的努力。所以我要說的是，真的想要讓真命天子（女）出現，就必須懂得讓自己進步，並朝著靈魂想要的方向前進。因為他們就像是那張大學文憑一樣，並非痴痴地等著就可以等到。

很多人因為現階段的感情破裂就開始對未來感到茫然，這是因為人類習慣用過去的經驗來評估現有的體驗並去預測未來的結果。如果過去總是遇到不好的對象，那麼我們自然會覺得未來也遇不到好的另一半。這樣的思考模式會間接地創造出未來的實相，因為你將所有的注意力放在自己一定會有不好的結果之上，自然會得到不好的結果。

那麼今天為什麼你遇不到那個人，而且還受困在自己覺得根本不合適的關係裡？如上所說，因為人們習慣等待被救贖而不願意為自己做些什麼，更不用說置身在膠著關係的你，根本不可能有任何心力允許美好的事情發生在自己身上。如果真心想要反轉這種現狀，要先學會放下不對的關係，讓自己的心境做出一些調整，生命自然會騰出更多的空間允許對的感情進入。

人生中的感情鋪陳就像是去一家餐廳吃飯，明明點的是美味的牛排，卻因為流連於前菜而遲遲不讓服務生收走碗盤，幫你上主菜。就像情侶交往，明知道對方根本不適合自己，卻仍然允許自己與對方分分合合好幾回；常常被動地等待著命中註定的出現，卻又不堪寂寞地回去跟對方糾纏。你在靈魂的狀態下，明明是幫自己安排了一份美味多汁的牛排，但為什麼一而再、再而三地回去品嘗前菜，忘了主菜呢？然後吃到開始懷疑人生時再來找我諮詢問：「什麼時候上菜？」但是叫你放手前菜，你卻捨不得，叫你等主菜上桌，你又沒有耐心。人們就是不斷地在這樣的循環裡糾結，遲遲走不出來。

也有些人好不容易放手了前菜，卻理所當然地把下一個認識的人當作牛排，卻不知道對方充其量也只是一盤沙拉。自以為已經學聰明似地慢慢品嘗，但因為從一開始就把對方當作主菜，所以即便在交往的過程裡感覺到彼此並不合適，也會說服自己接受。明明知道兩個人根本不可能有未來，卻又早已被主觀說服對方一定是自己的命中註定。無奈沙拉終究是沙拉，兩人的感情終究是愈談愈空虛。搞到最後，因為看不到未來，也沒有信心遇到更好的人，所以只能緊緊地抓著這段完全不適合自己的感情，向老天抱怨為什麼都吃不到牛排……

如果你無法相信自己，那麼就暫時相信我吧：每個人輪迴都是註定會有人愛的，你是你宇宙的中心，你的信念會創造你的實相。今天你想要活出什麼樣的人生必須由你來決定，而不是掌控在他人的手裡。如果你相信自己一定會遇到那個命中註定，那就著重於提升自己，進化成自己想要成為的人，那麼你自然會在最適合的時間點遇到對方。

每次我詢問客戶他們想要遇到什麼樣的命中註定時，他們總是可以輕易地向我形容對方的外貌、性格以及職業等等。但我希望各位可以反向思考所謂的「物以類聚」，也就是你是什麼樣子的人自然會吸引什麼樣子的人進入你的生命當中。如果你喜歡有自信的人，那麼你不覺得自己也應該花點時間讓自己成為一個有自信的人嗎？如果你喜歡陽光開朗的人，那麼你不覺得自己也必須成為這樣的人，才有辦法在遇到對方時互相吸引嗎？

當然，我不是要求各位成為一個連自己都不喜歡的人，但我希望各位可以花點時間衡量真正的現實。如果你今天可以成為一個連自己都很喜歡的人，那麼你未來的另一半自然沒有不喜歡你的理由。因為你會是在最自然的情況下與對方相遇，彼此之間不需要任何偽裝，這樣的感情就會發展成自己最想要的未來。但如果今天你違背了自己的意願去成為一個連自己都不喜歡的人，就只為了取悅或滿足他人的期待，那麼我現在就可以很肯定地告訴你，這樣的感情一定不會有美好的結局。因為兩人從一開始就不是最真實的自己，所以在交往過程中，你會花更多的心力去維持一開始想要塑造的形象。

既然你是你宇宙的中心，你會創造出自己的實相，那就讓自己成為那個可以吸引到任何你想要事物的主軸。想要什麼樣的結果，就先思考自己是否有那樣的本錢。如果沒有的話，那自己又可以做什麼來達到那樣的結果。雖然我們用上菜來比喻感情關係，但也可以將這個比喻應用在生活的任何層面。人生其實是段有趣的過程，端看各位如何運用它並從中找到樂趣。如果此刻的你對人生感到惶恐，不知道該如何前進，那麼就暫時相信每個人都是註定會有人愛的。如果覺得自己身旁的資源已被耗盡，其實只要勇敢地繼續往前走，那麼總有一天這種迷惘的感覺會煙消雲散，你一定會遇到那個最適合你的另一半。一個懂得如何愛自己的人，自然會影響身旁的人來愛自己，並讓那些不喜歡你的人自然地從你的生命中退出。

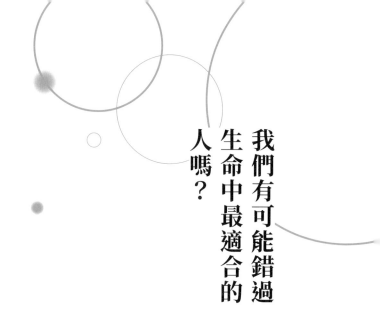

我們有可能錯過生命中最適合的人嗎？

對應頻道 288 集

自從將人生中遇到的伴侶形容成牛排、前菜還是沙拉之後，就有許多網友不斷地問我什麼時候該吃牛排，什麼時候可以知道還有沒有前菜。但如同我在文章裡提到的，當你清楚地知道感情已經走不下去的時候，那麼對方極有可能只是你的「前菜」，不是你的「牛排」。也因為這些討論，有網友想知道我們的人生中有沒有可能會錯過生命中的

「牛排」（AKA命中註定），這篇文章就來回答這個問題。

網友的完整問題是：我們生命中有沒有可能會錯過所謂「最適合的人」？這跟靈魂協議有關係嗎？還是交往當下的能量頻率不對將彼此分開了？如果靈魂約定好了，是不是終究會在某個時間點，例如雙方自我成長都進步的時候再彼此吸引在一起？還是因為頻率改變了，我們會根據自我的反省而有所成長，由我們當下的頻率、能量與覺知來決定最後吃哪一塊牛排？

基本上，一個人如果是你的命中註定，那麼你就不可能會錯過這個人。即便你們分開兩地、相隔多年、各自在地球繞了一大圈，到最後你們應該還是會在一起。這是因為人們一生的藍圖都是由靈魂鋪陳設定的。由於靈魂是一種全知的存在，所以當初你在什麼時間會做出什麼樣的選擇、遇到困難後會有什麼樣的反應，全都在祂的計畫當中。祂會依照你在每一個時間點最有可能做出的決定來鋪陳你這一生的功課，以幫助你進化。就好比有些人需要看書學習，有些人則需要透過生活體驗來成長一樣，每個人的靈魂會依照個人喜好，以及可能做出的決定來安排自己的人生。

同樣的道理，當你的靈魂和另一個靈魂做協議的時候，對方也會依照那個人最有可能做出的決定來安排你們彼此互動的功課。所以，如果有一個靈魂協議要成為你生命中的命中註定，那麼你們到最後走在一起的機率就是非常高的。因為靈魂導師們不會只讓你的人生出現一種相遇的可能，而是透過彼此的個性，鋪設出許多讓你們可以相遇的路，以延伸出你們能夠相互交集的功課。

但這並不表示你的一生中只會遇到你的命中註定。大多數時候，你在感情裡會遇到一些幫助你磨練的對象，這些人正是我所謂的「前菜」。他們之所以跟命中註定不一樣的地方在於，他們可能只有少數特質或價值觀適合你，或是可以幫你調整成更適合的人的特質。通常靈魂會依照你的成長來安排適合你的功課，就好比小學生要慢慢地進化到中學，然後再到大學一樣。感情的初期會經由契合程度較小的人給你安排較為簡單的功課，等你從這段關係裡成長之後，再給你適合程度較高的人。通常跟不對的人在一起時，你的內心往往會有種知道彼此不適合，也不會長久走下去的感覺，只不過大多數的時候會被邏輯編出來的種種理由說服而勉強在一起，而這些人正是我所謂的「前菜」（生命中遇到適合程度較少的另一半）。

其實靈魂的命中註定都是早就安排好的，除非你選擇什麼都不做，那麼就很有可能什麼事都不會發生。我曾經提到一個例子，如果一個人決定要去西雅圖，卻一直執意待在家裡不出門，那麼他就永遠不可能到達西雅圖，也不可能看到任何事情發生。他可能覺得透過網路分享的資訊就能對西雅圖瞭若指掌，但他的體驗是虛幻不實的。生命一定需要透過互動才能有所成長，如果一個人選擇什麼事都不做，只是等待著牛排被乖乖地端到自己面前，那麼不要說他會錯過生命中那個最適合他的人，他極有可能錯過生命中的一切。

但如同我之前所說，即便你選擇對自己的人生擺爛，也全都在你的靈魂導師的計算與安排之中。因此，這種人的人生鋪陳裡必然也安排了讓他終老一生的選項。不是每個人的生命中都一定得要遇到那個適合自己的人才叫完整，因為以靈魂的視角來看，你無論在什麼時候、什麼樣的狀況都是最完整的狀態。有些人喜歡與人互動，有些人則喜歡自己一個人做研究。通常這樣的人都會有點孤僻，雖然他們嘴上可能老說著自己要找另一半，但是從他們的行為不難觀察出他們極享受一個人自由自在的生活，這可以從他們的生活作息上觀察出一些端倪。這樣的靈魂在人生的設定裡並不需要所謂的命中註定，而是單純來尋找自己的。

因為靈魂具有獨立個體性，每個人一生中會遇到什麼樣的人，以及多少人都是不一定的。有些人沒有吃前菜的習慣，有些人則需要許多的前菜之後再上主菜。你的人生中會遇到多少人，全都是依照你的靈魂參考你累世輪迴的習慣所鋪陳的。

假設你的人生中真的有安排那個命中註定的話，基本上你在前進的狀態下是不可能錯過彼此的。所以在還沒有遇到他的時間內，你唯一要做的就是不斷地找到讓自己成長的方法，以及真正的自己究竟想要成為什麼。你是自己宇宙的中心，一旦你找到自己，也就是你的小宇宙有個中心主軸的時候，這個宇宙就會自行運轉。不然，在沒有主軸的狀態下，你的小宇宙只會輕易地受到外在環境影響而失去本身的意義與價值。

所以讓我再提醒各位一次，走不下去的感情多半是「前菜」，與其執著於留住這段感情，不如好好地思考自己從這段感情裡學到什麼，讓自己進化成靈魂想要的樣子，活出自己想要的人生。如果對方真的是那道「牛排」的話，那麼他自然會再度回到你的生命之中。再來，與其糾結對方是前菜還是主菜，不如將時間投資在自己身上，好好地找到自己，想想自己要活出什麼樣的人生，想要和什麼樣的人一起做功課。以這樣的心態過日子，你遲早會遇到你的命中註定。

沒有人會錯過生命中最適合自己的那個人，因為全知的靈魂早在你投胎之前就已經將你極有可能做出的一百種決定，安排了最好的鋪陳。祂不會只安排一條相遇的路，而是會製造出各種可能。你們彼此的靈魂都會隨著你們的成長與改變來安排接下來相遇的路線。但切記，要是真的想要遇到那個人，就得讓自己走出去製造那種可能，而不是每天待在家裡追劇，期待夢裡的理想伴侶會變成真人出現在眼前，又或者是害怕受傷而給自己一百個不對外社交的藉口。

此外，有些人喜歡吃牛排，有些人只需要一碗拉麵就可以滿足，所以不要總是拿別人跟自己比較。每一個人的人生都不一樣，了解自己才是最重要的，要不然我們的眼光會總是放在別人身上，並懷疑自己是不是也應該像對方一樣，而活出一個不屬於自己的人生。你只要相信靈魂導師一定會幫助你安排最適合你的人選，並在現實生活中好好地找到自己，那麼對方一定會在最適合你的時間點出現。

我的靈魂到底出了什麼問題

對應頻道 289 集

在過去諮詢的經驗中，我常常遇到客戶質疑自己的靈魂到底出了什麼問題。會問出這個問題的人，大多正在經歷生命中重大的創傷，或是正處於人生低潮，由於一直找不到出口和方向，於是他們開始質疑自己是否出了問題，才會陷在這種無法自拔的漩渦。

他們覺得自己理智正常的時候，是非常有勇氣又樂觀的人，但是在人生低潮的時候，卻又變得極度膽怯與畏縮。這種兩極化的反應讓他們對自己感到非常困惑。通常在這個時候，他們的理智會試圖說服自己，這鐵定是靈魂出了狀況，才造成他們的現實與理想出現如此巨大的反差。

所以，是不是你的靈魂真的出問題了？這幾乎是不太可能的事。因為靈魂是一種全知的存在，也知道你生命中所做出的任何決定，無論是聰明還是愚蠢的，包括你在輪迴中可能會做出自殺的選擇，或者是受困於憂鬱症中的行為，全都在祂的計畫之中。但這並不表示靈魂不會為這樣的可能性安排援手，祂往往會在你的身邊植入很多的明示與暗示、朋友或貴人來幫助你。只不過當人們沈浸在大腦中的哀傷時，往往不願意改變與嘗試，只想躲在暗處等待這樣的情緒消散，更不用說是對外尋求援助。然而這樣的行為也是導致他們一直深陷在迴圈裡無法自拔的主要原因。

既然靈魂是全知的存在，問題不可能出在靈魂身上，那麼自然是在人類的邏輯之上。靈魂為了改善自己的弱點，鋪陳了人生的功課，試圖從中得到領悟，進而幫助自己成長。這也是為什麼靈魂會不斷督促你前進，有時候甚至讓你有被逼到絕境的感覺。但那也只是一種感覺，因為靈魂不會安排你過不了的坎。人們之所以覺得自己受困而無法脫離，大多是因為不願意對外尋求幫助，害怕被人看不起，也擔心別人在背後議論什麼……他們往往不相信自己有能力逆轉破碎不堪的人生，也不願意從頭開始努力，只想等待別人以某種特定的方式來救贖他們。但是如果你能退一步思考，你就會發現**大部分人覺得過不了的坎都是由意識邏輯所創造的假象，而他們煩惱的問題往往是內心一直不願面對的恐懼**。

恐懼之所以產生，是因為它會產生課題，讓你有機會去克服它。如果你了解這個平台的設定模式，就會清楚為什麼你選擇了你的父母、兄弟姐妹、另一半，或是生命中一直遇到的人事物……他們全都是為了激發你去克服與成長。只不過人們大多不願意克服自己的恐懼，反倒讓恐懼控制他們的生活。

所以，當你面臨人生低潮難以振作時，那並不是你的靈魂出了什麼問題，而是你的邏輯因為固守自己的恐懼，不願做出任何改變所延伸出來的結果。因此，在這樣的時候，你要做的不是質疑自己的靈魂是否出問題，而是好好地反省自己害怕做何種改變？又是被何種恐懼所束縛，使你感覺陷入無法自拔的困境。

一個此刻感到自己不夠勇敢的人，並不表示他就是膽怯的人。年少時的年輕氣盛未必是真正的勇敢，可能只是一時的衝動。有很多功課一旦擺爛不去面對，久了便會成為我們無法承受的負擔，但這些功課不會因我們忽視而消失，反倒是靈魂導師會一再把它推到我們的面前，期望有一天我們鼓起勇氣面對。

靈魂是全知的存在，不可能是造成你問題的原因，因為你人生中所遇見的每個人所發生的每件事物，全都在祂的預測與掌控之中。不願意處理與面對，或是拒絕對外尋求幫助，往往才是讓自己覺得走投無路的主因。而且，人生中的困境不是為了要打擊我們，而是希望激發我們成長，只要我們願意踏出去做點改變，一定可以看到出路。人類邏輯會創造出恐懼，並試圖說服你在不做任何事的情況下，你的恐懼也會獲得改善；但我想說的是，不要賦予恐懼那麼多的權力來綁架你的人生，因為這輩子沒有處理的功課永遠會成為下輩子應該要面對的功課。當你捕捉到你的恐懼不斷地說服自己「沒有人會愛你、你不夠好、你一定會被拋棄……」的時候，別讓這樣的信念創造你未來的實相。所以當你察覺到內心有這樣的句子，懷疑自己的靈魂是不是出問題時，花點時間好好地想想自己真正想要成為什麼吧。

我曾經說過，每個人都是自己宇宙的中心，你的信念會顯化你生活的實相。你可以選擇讓恐懼來支配你的一生，又或是慢慢地找回自己的力量，掌握接下來的人生。給自己的靈魂一點信心與信任，讓自己勇敢一點。即便此刻的你可能無法看清眼前路，但是相信靈魂一定會帶領你走向最適合你的地方，跨步前進，你一定有辦法走出現在的困境並開創出你想要的人生，因為那個未來才會是你的靈魂之所以輪迴投胎真正想要到達的目標喔。

我要多努力才算夠努力？

對應頻道 290 集

對你的目標來說，你究竟要多努力，才算夠努力呢？這源自於一位網友的提問。他先是引用自己曾看到的一段話：「Don't be upset by the result you didn't get with the work you didn't do.（如果你沒有付出相應的努力就不要為自己無法得到的結果感到憤怒。）」接著他問，一個人如果沒有得到他想要的結果，是不是因為他還不夠努力？如果不小心把自己逼出病來了，那麼又該如何調適？

一個人的目標往往受到家庭背景、文化教育，甚至宗教信仰的影響。在討論吸引力法則時，我曾說過許多人在設立目標的時候，並不知道自卑與願景是並存的，就好比一個內在匱乏的人往往會渴望從物質上得到滿足。人們往往需要不斷地往自己的內心探索，才能找到真正的問題所在。

多年來，我常常遇到客戶覺得自己每天都很努力工作，至今卻還是沒有任何存款。或者他們認真地面對自己的感情生活，卻遲遲找不到理想的伴侶……其實他們口中所謂的「努力卻得不到結果」，與那些不斷向宇宙下訂單卻遲遲得不到回應的人有同樣的道理。雖然他們很想要，但其實他們的內心不認為自己真的值得擁有。這其中除了因為他們努力的方向往往是為了滿足他人對自己的期待，而非他們真正想要的之外，更多時候，他們內在的不安全感會讓他們把犧牲奉獻當成是一種努力。可惜的是，把自己逼到爆肝的行為不叫努力，而是壓力。一味地迎合他人的期待和要求並沒有辦法實現願望，只會放大內心的不安全感。因此，在思考為什麼自己這麼努力卻還得不到想要的結果之前，你應該思考的是，自己的目標到底是為了什麼，你為什麼想要有錢？為什麼一定要有個愛你的命中註定？

你內心的匱乏感才是你真正必須面對的課題，這樣你才能把自己的目標轉化成一句簡單的句子。如果你發現自己想要有錢是因為在意別人如何看待自己，那麼你可以先找到內在的價值，並學著去感受全方位的豐盛，當你不再在乎他人眼光而有辦法讓自己感受全然的豐盛時，財富自然會在這樣的狀態下被你吸引過來。你的「努力」不應該只侷限在滿足物質需求上，而是去克服所有可能阻止你前進的恐懼。

任何目標都應該建立在「你是誰」，而不僅是你想要的物質。但是我們所設立的個人目標往往會受到邏輯與個人主觀影響，而變成「我應該／想要得到什麼」，而不是「我想成為什麼」。即便這樣的目標與我們的直覺感受是衝突的，但是我們的邏輯還是會想盡辦法為它做出合理的解釋與判斷。就像我剛開始靈性旅程時，我的靈魂導師希望我寫一本書，當時我理所當然地認為那應該是一本靈性相關的書籍。但這樣的既定觀念讓我遲遲不知道如何下筆，始終無法完成「我以為」靈魂導師希望我完成的那本書。直到我完成了一套小說，無心地做了幾百集的直播，才發現任何想法的傳遞不只限於用書本或特定的方式呈現。任何可以讓人從中學習的管道，都可以在靈性世界中被稱之為書籍。這個例子也間接地說明了，有時候人們的偏見可以完全左右自己應該努力的方向。

現在讓我們回到文章開頭的問題：你究竟要多努力，才算是對你的目標夠努力呢？

首先，你必須清楚地知道自己的目標是什麼。排除目標中所有物質的部分，你還必須清楚地知道你真正想追求的「感覺」是什麼。記住，宇宙回應的是你的本質，而不是你的渴望。拿我自己來舉例，如果我希望自己成為一個懂得分享的人，那麼我不會僅限於書本的形式，也不會在乎有多少人追隨我，而是專注於「分享」本身，並且願意透過任何管道來分享。同樣地，如果你想成為一個富足的人，你應該聚焦於那種豐盛的感覺，而不是你的身分或擁有的物質。換句話說，即使此刻你處於貧困，也應該能感受到富足的內在感受。

至於什麼樣的努力才算足夠呢？在做任何事之前，你必須先愛自己、了解自己，並在尊重的平台上運作。如果你掌握了這個基本原則，那麼你的努力應該是全心全意地努力成為那樣的人，無論這是否需要你跳出自己的舒適圈。你願意面對最真實和最黑暗的自己，並願意多方面嘗試，不計一切代價地幫助自己成為靈魂想要成為的樣子。例如，一個想賺很多錢的人必須思考自己的目的是什麼，而不僅僅是透過做很多工作賺錢，最終讓自己疲憊不堪。如果因為貧困感而追求財富，你的目標應該是讓自己感到富足，並探索靈魂可以透過什麼方式來實現富足感。你可以多閱讀書籍，交更多朋友，探索世界，體驗不同的宗教和文化……富足的方式有很多，不只侷限在金錢而已。當一個人真實地感覺到富足時，金錢不過就是個順理成章的附加條件罷了。

不管你做什麼，你都必須先學會照顧和愛惜自己，而不是一股腦地衝，把自己搞得精疲力盡。任何人都會有疲憊的時候，當這種情況發生時，你應該花時間回頭好好照顧自己，等待精力恢復再重新出發。而不是在疲憊時還狠狠地責備並鞭策自己去滿足他人的需求。此外，除了懂得適當地休息，也要學會尊重——不只尊重自己，也包括尊重他人。

記住，不要讓自己主觀的觀念限制了目標以及各種可能性。當人們確定自己想成為什麼樣的靈魂時，未來自然會有各種可能發生，以滿足你內心真實渴望的感覺。你的努力應該是全力以赴地幫助自己成為那樣的人，即使這意味著跳出舒適圈去挑戰或嘗試從未經歷的事情。更重要的是，即使遇到挫折和失敗，明確的目標也能幫助你重新振作，再次嘗試。只要你全力以赴地做到這一點，那麼你就已經算是對自己的目標足夠努力了。

既然人都會死，幹嘛要那麼努力活著？

對應頻道294集

在二十幾年的諮詢經驗中，我很常聽到一句悲觀的話：「人既然都會死的話，為什麼還要那麼努力地活著？」

其實在我接觸過的許多宗教裡，有些宗教是完全不相信鬼神、輪迴或前世今生的存在。他們相信人死就死了，根本不會成為鬼，而是直接回到天父的懷抱。這不得不讓人質疑，如果不管怎麼樣都會回到天父身邊的話，那為什麼要這麼辛苦地過日子？其實人都是因為日子活得辛苦才會有這樣子的問題，要不然，一個日子很快樂的人，又怎麼會有這樣的念頭呢？

這個話題的產生源自於兩位網友的討論。A認為自己明知道要把當下過好，但還是會覺得人終究會死亡，任何的努力都沒有意義。B認同地回應，正因為人們無法證明有來世，所以任何辛苦都是沒有必要的。雖然他們還是會盡力地把事情做好，但內心不免矛盾：「這麼努力，最後究竟是為了什麼？」在此，我只能盡可能以我的認知來回答大家的問題，希望不會造成更多的困擾。

對我來說，這樣的問題像是一道簡單的數學題。就是人們如果無法印證未來存不存在，那麼就從過去的數據中找到答案。如果我們有方法證明前世存在的話，自然就可以解釋來世是存在的。所以試想，如果今天的你是一個沒有任何前世體驗的全新靈魂，那麼你就應該像是一張白紙般地純淨，因為你的靈魂資料庫裡不會存有任何的檔案。在這樣的情況下，你應該是無所畏懼，沒有任何喜好、偏好，也無法理解所有感覺（因為每一件事對你來說都是全新的體驗）。這表示，從你出生到目前為止，你所喜歡、害怕、討厭的每一件事，絕對都是在這一輩子裡有跡可循的，不會有任何超過這一輩子範圍的感受。也就是說，一個全新的靈魂不會知道什麼是恐懼，只會好奇那是什麼樣的感覺，因為祂從來沒有體驗過。特別是如果這樣的事情在你這一輩子裡從來沒有發生過的話，你不可能會知道該如何反應，更不可能在事件發生前就已經有任何的情緒。所以如果你在事情發生在你的身上之前就已經有相對應的反應的話，那麼極有可能是因為你在某一輩子曾經體驗過。

人的輪迴過程中不會只存在不好的記憶，也會同時擁有美好的回憶，不好的記憶或許會被轉換成恐懼，但是美好回憶中的事物往往會被轉換成你的個人喜好。曾經喪生於車禍的人會很害怕坐車，曾經在巴黎活出美好記憶的人會特別鐘情於法國……當然，有很多人會爭辯這些恐懼與喜好都是在童年記憶裡就有跡可循的，但相信也有很多人是完全找不到依據的。記得，只要你有任何的偏好或厭惡的事，它們大多來自於過去的經驗所累積出來的記憶，無論是在這一輩子或前世。一個全新的靈魂基於對事物沒有累積的經驗，所以不會產生任何的情緒與反應，因此如果你對特定某件事會產生獨特的情緒，特別是那些在這一輩子裡找不到任何資料佐證的，那麼它們就極有可能是透過前世記憶所累積出來的。你從未自高處摔下卻怕高，沒溺水過卻怕水，沒去過埃及卻熱愛古埃及文明，沒去過法國卻特別喜歡路易十六，又或者是車子沒油會害怕等等，這些全都是由過去的經驗累積出來的肌肉記憶，而這樣的情緒也證明了你的前世是曾經存在過的。所以同理可證，如果你曾經存在過的前世造就了此時此刻的你，那麼現在的你自然也會成為你來世裡的前世。

那麼為什麼我們要這麼努力地活著？因為我們透過這一世的體驗得知，任何沒有處理與面對的功課，都會順理成章地成為下一輩子必須再次體驗的功課。上一輩子的恐懼留到這一輩子，你還是害怕；上一輩子的喜好的事留到這一輩子，還是令你感到喜悅，這一輩子的努力是為了造就更自在輕鬆的日子，無論是這一輩子、下一輩子，或者是你選擇不投胎時的心理舒暢。

有人說這一輩子投胎是為了找到更好的自己，也有人說，是為了替過去曾經犯下的錯誤贖罪，無論哪一個論點，我覺得宗旨都是相同的，就是為了減輕靈魂的負擔。無論是變得更好，或是變得更輕鬆自在，都是我們靈魂投胎之前所做的一種選擇。今天無論你選擇哪一條路，或是用什麼樣的觀念來完成自己的一生，我相信一定都有它的道理。它沒有好壞對錯，只有比較適合你的靈魂理解以及成長的方法罷了。

既然如此，那麼就好好安排、輕輕鬆鬆地過這一輩子就好了，為什麼要讓日子過得這麼辛苦？這是因為人們鮮少從快樂的情境中得到學習與成長，人們往往必須透過困苦的環境磨練之後才會想要有所突破。幸運的是，我們人生中的每一刻都可以有自己的選擇——無論前世來世存在與否，重要的是此時此刻的我還好好地活著，那麼我就可以選擇是要讓自己快樂地過日子，或者是以哀傷的方式過生活。人們總有一種錯誤的迷思，相信自己的人生是毫無選擇的，這或許是源自於我們曾在某一世無能為力地活著。但事實是，只要願意為自己做出任何的改變，那麼我們的未來永遠都是有選擇的。過去的經驗或許會影響我這輩子的偏好與恐懼，但是未來要不要改變這樣的習慣卻完完全全地掌控在此時此刻的我手中。一旦我們做出了選擇，願意著手執行的話，那麼沒有任何一刻是在浪費時間。

其實無論我們有沒有前世或來生都不重要，重要的是每一段人生都是一種體驗，你想要在這一輩子留下什麼樣的體驗，都是此時此刻的你可以決定的。重要的是，你是誰？又想要在這一輩子創造出什麼？我曾說過每個人都是他們自己宇宙的中心，今天這個人生的劇本要怎麼寫？如何詮釋它？想要活出什麼樣的高度？全都決定在你自己的手裡。如果一切都是掌控在你自己手中的話，那又何必在意有沒有前世或來生？只要把這一輩子過好了。至少在要離開的那一刻，這會是一場精彩的體驗，你也可以完美地謝幕。生命的意義是要靠自己體驗以及尋找出來的，與其浪費時間抱怨，多花點時間去創造體驗才是找出你個人價值的最好方法，不是嗎？

放大你的解決方法，而不是你的問題

對應頻道 297 集

在小孩就學期間，我和老公曾經因為小孩無法加入省排球隊而想要自組一支球隊。當然，由於是省排球隊的緣故，所以球隊的組成並不像學校組織球隊一樣簡單，凡事都需要省政府的核准才能進行。除了需要與各個機關聯絡相關事宜之外，就連教練和球隊工作人員都需要有合格的執照才能組成球隊。特別是我們在州省的球員甄選期之後才有組球隊的念頭，所以基本上只能去接洽那些沒有被其它球隊選上的球員來組成球隊。也正因如此，我們自然會覺得這支新組成的球隊在排球季裡根本沒有任何勝算。同樣地，由於球隊本身是由沒有被甄選上的球員所組成，所以自我批評的聲音比其它球隊更強烈。除了球技不如人之外，最常聽見的可能是沒有理想的身高。

或許因為我跟老公從小都是屬於弱勢、比較容易受人霸凌的族群，也是靠自己一步一腳印地走到今日相對成功的位置，所以我們更願意去證明這些覺得自己技不如人的弱勢群體其實都有未被激發的潛能，無論是他們覺得自己的身高不夠高，還是球技沒有別人好等等，我們想要透過不同的方式來教育這些小朋友看見自己的潛能。

在任何運動中，我們很容易關注那些較為傑出的運動員，而這些運動員也很常在團體運動裡變得一枝獨秀，使得其他球員在相形之下猶如配角。這也是為什麼在我們所組成的球隊裡面，我們更加著重於團體合作，期望他們可以發展出對彼此的信任。除了做好自己應該做的事情之外，也相信自己的身後隨時有夥伴支援，而不是總是急著指出別人犯下的錯誤，或是注意別人身上的缺點……認為都是別人害的，才使得自己無法創造理想的結果。

在球場上，我很常看到人們把所有的過錯都歸咎於犯錯者，也很常看到人們專注在自己沒有的，而漸漸地陷入自哀自憐之中。不會打球的人永遠羨慕會打球的人，矮的人永遠期望自己可以長得更高……人們往往不會去鑽研自己身型的優勢，以及如何改善自己的不足，只會注意到自己沒有的，並讓自己深陷在自我批判的迴圈中。正因為自己的問題不斷地被放大，導致自信心愈來愈低落，人們不再相信自己，也不認為自己的努力可以讓他們達到那個理想的標準，就猶如矮的人覺得自己永遠長不高一樣。

因此，在組成球隊的時候，我們盡量鼓勵球員們換位思考。不要總是拿自己跟好的人比較，而是換個角度思考如何運用自己的身體優勢去幫助球隊爭取更多勝算。高的人或許跳得很高，但矮的人或許反應比較快。花點時間去關注自己擅長的，才能在團體裡找到適合自己的位置，並找到解決辦法。特別是團體運動需要的不是一枝獨秀，而是分工合作達到事半功倍的效果。你可以選擇一個人打完所有的球賽，或是每個人各自分工做好本分的事，進而帶動整個球隊共同成長。

之所以提到這件事，是因為球隊本身就是一個小型社會。我們總是會習慣性地注意到別人比自己好的地方，而不自覺地深陷在批判自己不足的迴圈裡。我希望各位能透過這個例子換個角度思考，不是自己不夠好，只是你還沒有找到自己真正擅長的是什麼。學會注意到自己的優點，並思考如何最大化這些優點，這可以幫助各位不再陷入自我批判，間接抹滅掉所有的自信。就像在一場球賽一樣，人們如果思考出適合自己的位置，有效地分配每一個角色該做的事並共同合作，自然可以更輕易地達到想要的結果。當人們都能夠盡情發揮所長時，團體就會共同提升與進步。也就是說，當別人做錯事時，不要浪費時間指責對方，而是思考你們可以如何彌補彼此的不足，進而幫助整體提升。一旦這樣的習慣養成後，每當我們面對任何障礙時，我們會知道有強大的後盾在支援自己，而不是總是落入孤軍奮戰的情境中。

成長的路是辛苦的，有人陪伴自己總是會讓痛苦減少許多。社會或許教育我們要突顯自己，但群體的合作關係才是最持久與長遠的辦法。在我們總是專注他人優點而放大自己缺點的趨勢下，或許讓自己著重於個人價值，才能夠找到解決問題的方法。一味地將注意力放在問題上，不僅會貶低個人價值，也可能減低原有的自信。團體的力量遠比一枝獨秀還要強大，當然，不是所有團體都適合自己。有些時候，身旁總是不缺那些極力想要壓迫別人來突顯自己的人，在這種情況下，我會建議各位離開原本不屬於自己的位置，重新尋找／開發屬於自己的天地。舊有的思考模式已不再適用於覺知的新世代，我們會慢慢地開始知道我們不是單一獨立的生命體，而是一直以群體的方式存在著。

人生的一切鋪陳都經過靈魂縝密的計畫，無論你選擇了什麼樣的身高與身材，全是為了執行這個人生平台最好的選擇。在這個世界上也一定有最適合你的位置。所以與其一直將注意力放在自己沒有、無法改變的問題上，不如轉念思考如何將你以為的缺點轉換成優點，在團體裡找到適合自己的位置，那麼成長的路上就不會總是有批判的聲音來打擊自信，也不會讓我們總是孤軍奮戰地面對人生中的障礙。

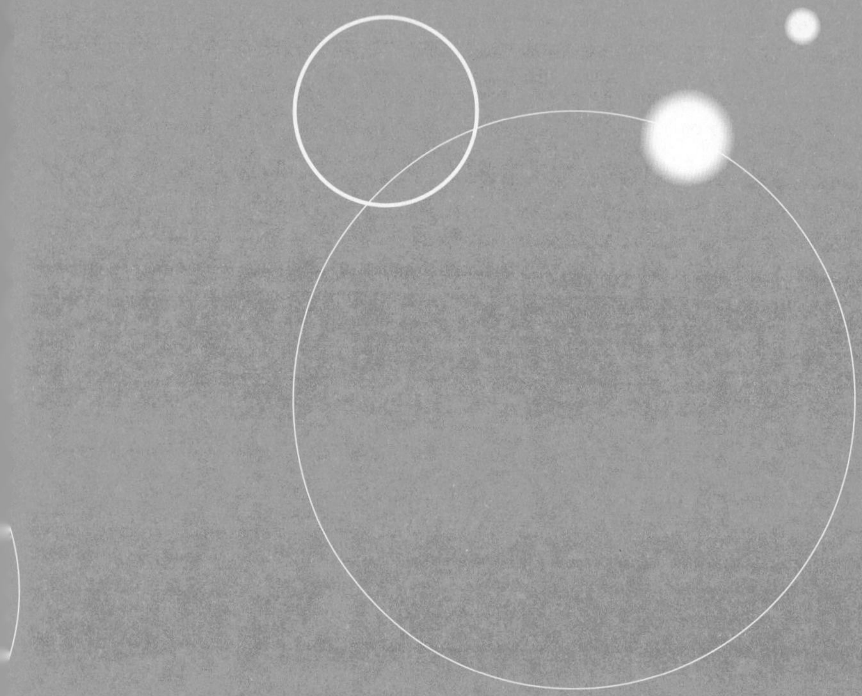

Part 3

走在靈魂成長的路上與吸引力法則

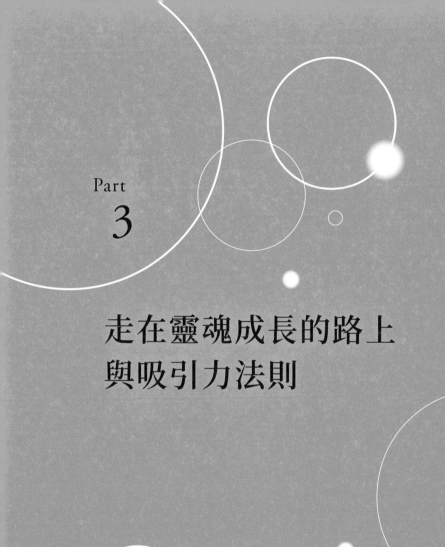

我沒醉……

對應頻道263集

之所以用「我沒醉」這個標題，是因為我相信各位一定很常遇到那些明明喝醉酒卻老是說自己沒醉的人。大多數的人意識到自己好像有點醉了的時候，會少喝幾杯或是改喝一點無酒精的飲料作為緩衝。但總有一些人，明明已經喝得爛醉，卻還要硬撐著再多喝幾杯。我想要藉這句話跟各位討論那些「明明是什麼，卻硬要說不是什麼」的行為模式。

我們曾經討論過「想要證明自己是對的」和「知道自己是對的」的差別，這和這篇文章的主題似乎有異曲同工之處。因為大部分的人知道自己「是什麼」的時候，根本就不會有想要解釋的必要。會把某些句子一直掛在嘴上的人，除了想要說服他人之外，其實更想要的是說服自己。因為我們愈是極力想要為自己爭辯的事，往往對我們來說也是愈真實的存在。也就是說，一個為了掩飾內在脆弱的人，會愈想要在外在表現得強壯。一旦有人懷疑自己脆弱，他們就會極力地想要爭辯，因為「內在的脆弱感」正是他們不希望任何人發現的感覺。

之所以與各位分享這個概念，並不是要讓你們指出別人有這樣的習慣，而是希望藉由這樣的覺知來幫助自己成為更好的靈魂。舉例來說，我在幾十年前剛踏上靈學旅程時，所有感官都處於失控與崩潰的狀態，也與學佛二十幾年的阿姨吵架。在那個過程中，她毫不客氣地指責我走火入魔。被這麼冠上莫須有罪名的我當然是極力爭辯，反倒覺得阿姨才是那個走火入魔的人。儘管知道人們在吵架的時候，多半會選擇傷害對方的言論來自我防禦，但是掛了電話之後，我反而開始很認真地思考自己是不是真的走火入魔了？又是什麼樣的行為會讓人覺得自己走火入魔呢？如果真的如此，那麼我可以做些什麼來改變現狀呢？就像喝醉酒的人總是會極力爭辯自己沒醉，當我極力爭辯自己沒有走火入魔的當下，我是不是也想要隱藏什麼事實呢？

我沒有因為她的話而讓自己氣上一整個禮拜，反倒藉此機會好好地檢視自己的狀態，並思考自己是否有任何可以改進的地方。也正因為這句話，促使我挖掘出自己一直以來極力想要掩藏的內在小孩，這才有機會學著改進，讓自己成為更好的版本。我曾說過覺知是進化的開始，因為人們一旦可以正視自己的問題，自然就有改進的空間。

當時的我雖然不認為自己有任何問題，但因為不斷地自問「是否真的走火入魔」，而慢慢地發掘出許多需要或是可以改進的地方。就好比別人說我很弱的時候，與其努力地想要證明自己不弱，我會反問自己，我是不是真的有很脆弱的一面，不希望被人發掘，所以才會極力地辯解自己並沒有那麼脆弱。如果自己真的有很脆弱的一面，我又要如何幫助那個脆弱的內在小孩變得堅強，不再在乎他人的評價？又或者是當有人指出我的信念根本是怪力亂神時，我急著想要爭辯的心態是因為潛意識相信這句話是真的？還是我害怕自己沒有證實它們的能力？如果是這樣的話，那我又可以做些什麼來讓自己感到踏實呢？

之所以用「我沒醉」這句話來舉例，是希望各位可以藉此自我反思。也就是說，當別人說出傷人的話，讓你反射性想要反駁的時候，可以花幾秒鐘思考自己的內心是否也有害怕被人發現的恐懼。當然，這不是要你在面對他人批評時，立刻落入指責自己的小劇場，而是帶著想要發掘答案的心，認真地思考自己是不是真的有這樣的問題。

如果你真的發現自己的內在小孩不斷地想要掩飾這個問題，那麼你接下來可以再問自己是否可以接受這樣的事實。有時候別人無法接受，不表示你不能接受。因為太在意他人的眼光而想要隱藏的問題，也不一定就真的是個問題。就好比我覺得大家一旦發現我是靈媒就會用不一樣的態度對待我，所以浪費了大半輩子想盡辦法掩飾這件事。但事實是，這在我眼裡是個問題的問題，在別人眼裡根本不是問題。這種不斷地掩飾內在小孩的行為其實才是最耗精力的，往往在精神層面上也需要付出很多的代價。也就是說，即便你在人前表現得若無其事，內心卻是不快樂的。反過來說，如果一個人可以正視自己的問題，並接受自己害怕被他人發覺的缺點時，那麼未來不管旁人說什麼，都沒有任何意義，也無法再傷害到你。

或者，假設你所發覺的問題是你自己也無法接受的，那麼與其在當下不斷地自責，或是想盡辦法將自己改變成不一樣的人，是否可以換個角度問自己要如何改善，或是如何學會接受。如果這是一個自己沒有辦法改變的事實，就好比身為靈媒的我可以假裝看不到靈體，但卻無法移除這個能力的話，那麼我可以思考如何訓練自己有需要的時候才開啟頻道，並且不讓這些多餘的感官干擾現有的生活。

透過「如何可以讓自己變得更好」的思考方式，讓它慢慢地成為生活中的一種動力，將你推往更好的方向，讓你學著與自己的完美與不完美和平共處。一旦你找到那個平衡之後，你就會發現自己再也不在意他人的評價，也就沒有爭辯的必要。因為你會清楚地知道不管別人說什麼，都不是真的，那只是他們個人的看法，或是他們內在的不安全感反射在你的身上罷了。

你的人生並不需要得到他人的認同。人們在面對他人評語時會感覺受到攻擊，大多是因為自己的所知所學還有許多不足之處。一旦你的知識與經驗足以支援你的信念，那麼這種為自己辯解的行為自然就沒有意義，因為你會清楚地知道別人的觀感並不等於你的真實，他的偏見也沒有辦法決定你的人生。所以下次有人攻擊你的時候，與其浪費時間跟對方吵架，不如花個一兩秒的時間問問自己：我ＯＫ嗎？如果不ＯＫ的話，那麼我又可以做些什麼讓自己變得更好呢？與其急著向眾人證明「我沒醉」，倒不如反問自己「醉了又怎麼樣呢？」如果這不是你喜歡的狀態，與其一直責備自己當初不應該喝那麼多酒，你又可以為自己做些什麼來改善這個現狀呢？

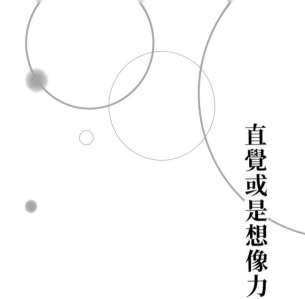

直覺或是想像力

對應頻道 269 集

大家知道如何分辨直覺和想像力嗎？

想像力是透過邏輯，也就是我們的生活環境、文化教育所培養出來的一種認知，所以會讓我們對每一件事物都有某種特定形式的想像。也就是說，當人們叫你想像一道門的時候，你會從記憶裡拼湊出那道門的樣子。但若是「門」這樣東西從來沒有在你生命中出現的話（例如山頂洞人），那麼你自然沒有辦法想像門是什麼樣子。也因此，想像力大多是在腦子裡形成的。除了去想像事物之外，想像力也可以應用在生活的各個層面。就好比一件事情還沒有發生的時候，我們會依照過去相同事件所造就出來的結果，去想像接下來這件事會如何發展，又或者是人們對此會做出什麼反應等等，因此，想像力往往需要資料庫來支援，藉由過去的記憶拼湊出來，屬於意識下的產物。

直覺則比較像是Gut Feeling，也就是每個靈魂與生俱來的生存機制。就好像自己遇到一個從來沒有見過的人，卻會在當下對這個人有種特別的感覺。又或者是去到一個從來沒有去過的地方，當下卻有種好或壞的感應，這全都是靈魂為了保護／引導自己所產生的直覺反應。只不過受到每個人的生長環境影響，並不是每個人的直覺都會被開發。大部分習慣透過邏輯分析事物的人，在沒有任何記憶經驗可以佐證或解釋的情況下，大多會直接忽視直覺傳給自己的訊息。跟想像力大多儲存在腦子裡的情況不一樣，在大部分的情況下，直覺是從丹田或胸口部位升上來的。

當然，即便我這麼解釋，一定還是有許多人一知半解。如果真的想要清楚地了解這兩者之間的差異，基本上要透過不斷地練習感應才有辦法區分。因為每個人的感覺都是不一樣的，用來判斷的感官自然也會不同。就好比一個人覺得好吃的麵店不一定適合所有人的口味，又或者是一個人覺得熱的溫度並不表示所有人都會感覺熱是一樣的意思。

想像力就如同上述，是透過你的邏輯、人格發展以及教育背景環境所培養出來的。如果你是個靈性初學者，無法分辨直覺或是想像力的話，那麼簡單的解答方法就是：想像力通常可以讓你完全地解釋為什麼，並細節地形容它。就好比有人問你「為什麼覺得某個人是渣男」的時候，你可以透過他的行為模式、長相、舉止來解釋為什麼他是渣男，或者為什麼他很有可能是渣男。

直覺比較像是一種全知的狀態。你會單純地知道，但無法解釋自己為什麼知道。就好比你要去一個自己從來沒有去過的地方，但你直覺就是不能去，卻無法解釋為什麼。它往往是因為你的靈魂與宇宙的某一個頻道對上了，即使它與你認知裡的邏輯是完全對立的，但你就是知道。因此，如果你還是無法分辨的話，那麼去分辨這兩種感覺的故事性會是一個很好的方向。想像力通常像小劇場一樣，有主角與故事情節，但直覺卻沒有前後情節、連貫性與是非對錯。通常這兩者的肌肉都可以透過不斷地練習而培養出來，也會透過不斷地練習而愈來愈能分辨其中的差異性。由於這兩者的感應都是建立在當事人身上，所以不一定適用於所有人。特別是因為直覺是為了保護當事人所設計的生存機制，所以一個人感覺到的好壞，不一定可以套用在其他人身上。

就好比我看到初次見面的人卻感到不喜歡的時候，是無法理解為什麼的，但透過時間的證明，我慢慢地注意到這些人都有相同的習性，也讓我開始清楚自己的不喜歡是針對那些表裡不一的人。所以直覺發展到最後，你很有可能也可以解釋為什麼，但是沒有那麼多的前後故事，更重要的是，它進到你的感官的方式與想像力是截然不同的。而且，我所感受到的討厭完全不適用在老公身上——我討厭表裡不一的人，但是他完全不在乎一個人是不是表裡不一。

此外，有興趣想要訓練直覺肌肉的人可以試著在還沒有接電話之前，猜猜電話的另一端是誰。因為通常當人們想要打電話給你時，他們的頻率是以有目標性的方式發送，所以更容易感受得到。那種感覺與電話廣告或是詐騙的隨機性是完全不同的。各位如果有興趣開發自己直覺的話，不如就從這個小小的練習開始吧。

靈媒體質與通靈的連結性

對應頻道 273 集

這篇文章想要與大家討論「靈媒體質以及通靈的連結性」，也藉此回答幾個相關的問題。

問：是不是只有通靈的人才可以被託夢？以及在另一個世界的人要如何託夢給在世的親人？

在回答這個問題前，我想先糾正這個問

題。通靈能力並不只限於特殊的少數族群，而是每個人與生俱來的。如果可以理解每個人一出生都擁有通靈能力，那麼相信各位已經知道我的答案是什麼了。

我曾說過，每個靈魂選擇輪迴投胎前都必須具備身、心、靈三大要素。所謂的身心靈也等同於你的邏輯、情緒以及靈魂的本能（這也包含你的通靈能力，也就是可以感受無法用語言或邏輯解釋的能力）。每個靈魂一出生都是與宇宙的所有頻道相互連結的，因為這可以幫助我們成長與進化。但因為不同的社會文化與生長環境會直接影響我們選擇是否保有這樣的能力，以致於有些人的通靈能力後來會進化，有些人則會退化。但這並不表示那樣的能力會完全消滅，只是暫時被人類的邏輯選擇遺忘罷了，直到人們未來有需要，或者是被教育該如何使用的時候，那麼這樣的能力就很可能再度浮上檯面。而這種通靈能力最好的證據就是剛出生的嬰兒在沒有被教育語言或思考邏輯的情況下，依舊能夠感受到周遭人的情緒。

單就我所接觸過的小朋友來看，我可以肯定地說，每一個剛出生的嬰兒都是靈媒，這與他們的家庭背景、宗教、人種、膚色、文化完全無關。不過這樣的比例通常到六個月左右就會減半，到約莫九個月的時候又會再減半，到了一年左右的時間，剩下的25％又會減半，以致於後來被認定會通靈的人成了這世界上的少數份子。而這些少數份子，大多是因為家庭沒有任何特別的限制或特別的教育，讓他們有機會不斷地練習那樣的能力。不過，沒有人的通靈能力是會被完全消滅掉的，雖然人們很常覺得自己是「痲瓜」，但舉凡「那個人怪怪的，不要相信他」，又或者是「那個地方感覺陰森森的……」等句子，其實都是通靈能力的一種。

如果你能夠理解，就會知道通靈是每個人與生俱來的能力。所以來回答第一個問題吧：**是不是只有通靈的人才會被託夢？**在每個人都會通靈的前提下，每個人都可以被託夢。之所以夢不到已故親人並不是因為沒有通靈能力，而是因為內在的情緒淹沒了所有的感官，以致於無法接收到親人所傳遞的訊息。除此之外，更多時候是因為期待訊息應該以某種方式呈現，所以才看不到真正的訊息。

至於另一個世界的人要如何託夢給在世的親人？其實大多數的訊息不是透過託夢傳遞的，一個可以接收到訊息的人完全不需要透過託夢的方式來接收訊息，而是無時不刻、隨時隨地都可以。人們之所以覺得親人一定會透過「託夢」的方式來傳遞訊息，那是因為人們在意識邏輯主導的情況下是不可能接收到訊息的，所以很多時候在這種半夢半醒、邏輯退居腦後的情況下才有辦法清楚地感受到訊息，這也是人們普遍會認為往生親人一定會託夢的主要原因。在正常的情況下，往生的親人所要傳遞的訊息會以各種方式呈現在你的面前，而不會特定地以對話的方式或是透過第三者來傳達喔。

問：往生的親人是不是存在於另外一個世界？

與其說是不一樣的世界，不如說是同一個世界裡的不同次元。之所以這麼解釋，是因為次元大多是重疊的，只不過因為彼此頻率振動不同而不會相互干擾，就好像一台收音機裡有許多電台同時存在，只是每個頻道都不一樣的意思。敏感的人可以透過調整自己的感官去接收不同次元的訊息。而人們之所以無法接收訊息，或是看不到他們，不是因為他們存在於另一個世界，而是因為：一、人們不知道該如何調到看得到的頻道。二、他們潛意識裡並不是真的想要看到。

問：如果通靈的能力是每個人與生俱來，之後才消失的話，那麼這樣的能力是否可以回復？哪裡能夠得到那樣的資訊？

我個人覺得一個人要是天生擁有通靈能力，後來卻消失的話，那表示這樣的能力一定不符合他現下的人生藍圖規畫所以才會消失。不過，一開始有，後來卻沒有的話，也往往表示在人生的某段時期，這樣的能力一定會再出現，否則他從一開始就不會帶著這樣的能力來投胎。在我以靈媒身分的觀察中，我發現再麻瓜的人也多少都還帶著些許通靈能力，只不過從來沒有被人教育那是什麼，該如何使用，或者是對於通靈能力有某種特定的期望，所以才會覺得自己什麼能力都沒有。這樣的能力在正確的教育與引導下，往往可以像長肌肉一樣得到成長。當你的通靈能力應該被打開的時候，宇宙自然會將所有的資源呈現在你的面前。

此外，宇宙底下的所有資訊都是共享的，只是各自以不同的振動存在著，而沒有所謂的天機不可洩露。如上述所形容的，像是收音機的不同頻道，一個通靈者本身若是對頻率振動敏感，自然可以透過不一樣的頻率振動去取得不一樣的訊息。至於接收到什麼樣的訊息或者以什麼方式接收，則全部取決於接收者本身。允許自己去感受，或者是允許自己的想像力天馬行空，都是練習第六感的好方法。一個人的通靈能力可以回復，但通常是靈魂決定有這個必要的時候。

問：我要如何調整自己的頻道去接收訊息。若是今天祖先託夢給我，或者像你說的那樣，只要我們想到祂們，祂們就會在那裡的話，那為什麼我都聽不到祂們說話？

如之前所說，人們對於接收訊息有某種既定模式的期待，正如你期望「聽到」祖先說話一樣。訊息可以透過很多的方式呈現，可能是一首歌裡的一段話，看板上的大標題，隔壁桌剛好被你聽到的某段談話內容……重點是，訊息可以以各種方式呈現，而不單單以你想要的方式來表達。

此外，大部分的人覺得自己不能接收到任何訊息是因為不會通靈，但事實是，當一個人的身心靈有一方失衡的時候，都有可能導致他們無法接收任何訊息，無論這個人通靈與否。一個過度依賴邏輯的人，會因為凡事都要求有合理的解釋而無法接收訊息。一個情緒化的人，會因為沈浸在自己的情緒裡而感受不到任何的訊息。其實大部分的情況下，人們在失去親人之後往往因為遲遲放不下內心的哀傷、痛苦或罪惡感而感受不到往生親人所傳遞的訊息，這其實就像我們之前提到的，過度沈浸在憂鬱情境的人會感受不到周遭的救援是同樣的意思。

問：總覺得菩薩都沒有在幫自己，要不然為什麼自己總是陷在諸事不順的情境當中？

我覺得人們總是期待菩薩可以讓自己事事順心，以致於每當自己面臨挫折便覺得沒有受到老天的任何幫忙或眷顧。但其實我相信，你們的高等靈魂一直都守在你們身邊，只不過祂們沒有辦法以你想要的方式給予你協助，以致於你們覺得自己像被拋棄似的。人們想要的幫助是讓事事順心，但神佛給予的幫助是讓你儘快地從一個事件中成長。之所以會深陷在諸事不順的情境裡，大多是因為人們總是選擇逃避學習處理事情的方法，以致於事件從沒有被解決過，並且會一而再、再而三地發生。記得，靈魂之所以投胎是為了進化與成長，所以今天無論你面臨什麼樣的處境，全都在祂們的預期當中，為的是藉由那個情境帶領你走向最完美的結局。這也是為什麼，無論你身處在什麼樣的絕境，祂們相信最終一定都會沒事的原因。

我曾經說過：任何人，包括你的高等靈魂，都必須在不能違反你的人生功課或藍圖為前提下才能夠幫助你。也就是說，你這一生的鋪陳，一定有你需要面對克服的功課。而這個功課必須由你自己去面對，沒有任何人可以代替你完成。所以在你一直不願意面對的情況下，他們可以幫你的權限自然也很有限。此外，在有所期待的影響下，你的高等靈魂所提供給你的任何幫助，只要不是以你想要的方式呈現，都很有可能被你忽略喔。

我對神助的看法

對應頻道275集

所謂的「神助」，就是神的幫忙。在這裡沒有指任何特定的神，而是各個宗教裡被人們供奉膜拜的高靈的統稱。

過去在諮詢時，我很常遇到客戶質問，為什麼他所信仰的神不幫他，或是不給他任何的指引，明確地告訴他們該如何度過危機、險境。

其實我是在台灣傳統的道教背景中長

大的。在成長的過程當中，每每家裡的長輩只要一遇到困難就會立馬求神拜佛尋求援助。神明的輔助範圍也極廣，舉凡考試順利、為什麼沒有另一半、家裡經濟不佳，為什麼生病……等等大小事全都是可以到廟裡燒香拜佛的事。

從那時候開始，我就十分地好奇，在人們不論大小事都期望神佛打理的情況下，神明選擇出手幫忙的標準到底是什麼？又或者祂們真的有求必應，每一個人都會幫嗎？那時候大人們總是解釋說：「神明是無所不能的，所以可以無所不在地關照大小事。」一直到我踏上了靈性旅程之後，我才發現神明能夠幫忙的範圍真的很有限，就如同靈媒可以給予你的幫助也十分有限。

之前的文章曾提到，無論是誰選擇幫忙你，都必須以不影響你的人生課題為前提。如果今天將你需要幫忙的這件事從你的生命中移除之後，會導致你無法從中得到學習與成長的話，那麼這件事就是沒有人能夠插手的，因為這會耽誤靈魂之所以選擇投胎的功課與進度。因此可想而知，就算是神佛，祂們能給予的幫助自然是很有限。

靈魂投胎是為了幫助自己成為更好的版本，而這樣的進化無法讓別人來替我們做，只能靠我們親身經歷後去學習與領悟。特別是在靈魂具有獨立個體性的前提下，每個人的功課看似相同，其實是完全不一樣的。因此，就算任何人想要幫你，到最後執行與克服的人也必須是自己才行。

此外，人們對於「幫助」二字的定義向來很狹隘，認為所謂的「幫助」必須是幫忙減少其中的困難與障礙，最好讓所有的事能夠一帆風順地呈現在我們的眼前，這才稱得上是幫助。但人往往是在痛苦中得到學習的，在不影響人生功課的前提之下，神佛能夠幫你的，不是幫你移除掉所有的困難，而是幫你減輕那些沒有必要的干擾與阻礙。若是人們可以專注在處理自己應該面對的問題，往往會發現所有的事都有水到渠成的時候。就好比身上明明不夠錢買房，但是在找到對的房子之後，就會莫名其妙地有一筆獎金入袋，剛好足以支付頭期款。又或者是想要開間公司，到了天時地利人合的時候，所有的人資物資都會到位。所以，神佛不是沒有幫忙，只是通常不是以你所期待的方式呈現。有時候我們必須經歷與體驗過某個障礙之後，才有辦法順利地前進到人生的下一個階段。

雖然我們都希望困難的時候可以得到任何的幫助來減輕痛苦，但若是各位對靈魂的進化有所認知的話，就會清楚地知道靈魂之所以投胎是為了成為更好的版本，因此我們鮮少在凡事一帆風順的情況下學習到任何的東西。在這種情況下，與其總是期望他人來幫我們移除所有的障礙，更好的方式是坦然地面對呈現在眼前的功課，盡力地做到自己能力範圍之內所能做到最好的事。那麼得到成長後的我們，自然可以用更平穩的方式進入下一個階段。只要人們願意幫助自己，神佛也會想辦法幫我們移除那些生命中沒有必要的障礙。一旦了解靈魂的鋪陳，那麼你就知道你的高等靈魂其實一直在幫你，只不過不是以人類狹隘的觀念和認知在幫罷了。

不知道各位是否常常從他人口中聽到相同的抱怨？例如：我怎麼老是遇到爛人、苛刻的老闆、會出軌的另一半……這些生命中不斷重覆的事件裡，一定有他們必須面對以及處理的功課。當這種會貶低自信的人事物出現在自己生命中的時候，我們要做的不一定是配合他們，而是從互動中建立或找回自己應有的自信。在這樣的情況下，神佛給予你的幫助不是幫你移除這些人事物，反而是加速這些人事物出現在你的生命之中，好讓你可以更積極地去面對。老實說，我常常覺得神佛的幫助，與其說是餵你吃魚，更像是在教你釣魚。即便在學習的過程裡，我們常常因為面臨失敗而感到沮喪與怨天尤人，但是一旦我們學會了其中的技巧，便一輩子受惠。所以下次當你抱怨老天都沒有幫你的時候，可以花點時間好好地審視自己的身邊有哪些事是不斷地重覆，但是你一直不願去面對的？因為這些事可能是你必須學習的功課，也很可能正是你的高等靈魂不斷促使它發生，為了讓你成功面對的「幫助」喔。

如何處理不想要的宗教物品

對應頻道 266 集

相信各位都有這樣的經驗，就是隨著人們的成長，可能會在不同時期對不同的宗教產生興趣。當這個情況發生的時候，有些人就會不知道該如何處理之前所購買的宗教物品。或者也可能不是自己的物品，而是父母往生之後所遺留的宗教物品或供奉的神像，總讓人覺得要是丟棄這些曾經被供奉的神佛，好像會遭天遣或惹怒往生的父母等等。

我不太清楚天主教、基督教信徒會不會像佛道教一樣，買佛像去廟裡開光之後再請回家裡供奉，雖然這篇文章我們單純以佛道教的供奉習慣來解析，但整體概念其實也適用於所有的宗教。

在佛道教，人們很喜歡買神像，或是將某某尊者加持的物品請回家供奉。通常稍微虔誠的人會先將神像在廟裡開光，再請神明回家坐鎮，而這些開光後的神像就好像是正廟神明的分身一樣。當然，還有很多的小飾品、護身符，又或者是外面買回來的神像、畫作等等，都可以包含在宗教物品裡頭。

在說明如何處理這些物品之前，先讓我們來討論人們為什麼喜歡購買宗教物品。其實大部分的人會選購宗教物品，都是為了讓自己感覺到安心，期望自己有人庇護，並透過這些物品讓自己的心靈有所寄託。就靈媒的視角來看，這些物品比較像是一種能量收集的媒介，也就是因為人們在擁有這些物品時，會不自覺地用內心的感覺去餵養它，使得這樣的物品會自然地吸收你所投注的能量。

所以今天如果你不要這些物品，把它丟掉就可以了，因為任何吸引能量的物件在沒有持續餵養能量的情況下，裡頭所囤積的能量都會隨著時間流逝而被消耗殆盡。如果你不放心就這麼丟掉，也可以將它們清理乾淨之後再丟棄。你們可以像是清理水晶一樣，用水加一點海鹽清洗，然後點淨香來幫助清理裡頭的能量。雖然每個物品被供奉的時間不一，但一般來說三天的時間就可以將大部分的能量清理乾淨。

就以家裡供奉的佛像為例，在清洗之後在佛像前點三天淨香就可以了。如果還是不放心，可以考慮將它們放在日月光下照射三天左右，應該也就乾淨了。當你想要將該宗教物品轉讓或贈與他人的時候，也很適合使用這樣的清理方法。因為有時候我們所累積的能量不一定適用於他人，所以在轉手之前可以試著用簡單的方法為這些物品做能量的處理，會讓接下來的使用者用得比較順手。而那些不是很重要的小飾品，或是無法轉手的裝飾品，一般只需要當廢物或回收物處理就可以了。

此外，有些符咒之類的物品可以考慮拿到廟裡的金爐燒掉，有的廟宇甚至可以回收佛像，例如有些瓷器佛像可以在清理之後給廟宇回收，而木製雕像或紙製物品則可以直接燒掉。如果廟宇不提供燒化服務，那麼家裡的金爐也可以。會選擇燒化的原因在於火是最快消耗吸收能量的方式。當然，靜置不供養的情況下也會消耗能量，只是需要比較久的時間。

至於金屬或礦物類製品則無法燒化，如果是這種情況，你們可以依照上述方法清理乾淨之後再做捐贈或收藏。若是佛像的話，建議用紅布（紙）包起來並收藏，這可以幫助裡頭的能量不外溢，也無法再接收更多的外來能量。我曾說過，任何的人像類物品比較容易吸收外來的能量，所以如果你確定不再需要的話，那就收起來吧。經文、咒語等紙製品都可以選擇燒化或是捐贈，但我個人認為火化是最能夠消耗吸收能量的方法。

很多人覺得不當地處理宗教物品會遭受天譴，但我覺得神佛的心胸真的不像人們假設的那麼狹小，祂們不會因為你不再供奉而處罰你，因為祂們清楚地知道人生中的種種選擇都有其安排的原因。除非你今日所供奉的不是神佛，而是任何外來靈體，那麼他們才會有所謂的「私心」，不然你不需要擔心自己會觸犯祂們。

最後，有一些手抄的經文，其實是可以幫助好兄弟渡化的，在火化之前可以請好兄弟們有秩序地領取他們所需的經文，以避免不必要的慌亂喔。

為什麼宇宙從不回應我的訂單

★

對應頻道277集

在這麼多年的諮詢裡，我很常遇到人們詢問：「為什麼宇宙從不回應我的訂單？」

坊間有許多告訴你吸引力法則是什麼、以及如何得到你想要的生活的相關資訊，這讓許多人相信，所謂的吸引力法則就是相信腦子裡想要得到的事物，總有一天都會變成自己的。例如，想像自己在幾年之內會賺到多少錢，以及擁有那筆錢之後會是什麼樣子，抱持這樣的信念，就會漸漸地吸引這樣的事在自己的生命中發生。這樣的理論雖然沒有錯，但常常讓人似懂非懂，甚至困惑自己明明就照著做，但為什麼什麼事都沒有發生？

我花了許多年的時間研究「吸引力法則」是什麼，以及什麼樣的能量可以啟動它，也同時發現，人們其實很難想像自己從來沒有擁有或體驗過的事。就好比叫一個一生窮困潦倒的流浪漢去想像有錢、有車或有房是什麼樣的感覺，他最多也只能去假設那個狀況，卻無法真實地去理解或感受那究竟會是什麼樣的感覺。由於每個人的生活環境與教育背景不同，我們的「想像」通常只是建立在一個模擬出來的虛構之上，不是真正的感受。我們內心真實的感受反而會反映在我們的言行舉止上，進而吸引與我們的內心感受最相似的人事物在現實生活中發生。也就是說，我們往往要達到某個標準之後，才會覺得自己有資格擁有內心奢望的那些東西。然而絕大多數的時候，我們覺得要達到那個標準太難，以致於我們並非真的相信自己配得上或值得擁有那些東西。這讓我發覺，真正啟動吸引力法則的動力來自於個體內心真實的感受是什麼，而不是他的慾望想要什麼（因為大多數的慾望都是為了彌補內在的匱乏）。

所以在這裡，我想與各位分析「如何向宇宙下訂單」：

在之前的文章裡，我曾經與各位討論過：當你對宇宙下訂單時，不要說「我想要」，而是將句子改為「我是」、「我會」。這個簡單的舉動可以讓你清楚地看到自己的內在與慾望之間的差距在哪裡。正因為人們得不到，所以才會「想要」。同理可證，「將會（Will）」就像是那個永遠達不到的目標一樣，因為「將會」既可以是明天，也可以是三十年之後。人們習慣用過去的經驗去衡量未來的結果，也因為這樣的習慣，「將會」自然而然地也會因為自己的過去經驗而決定它是可以達成的，或是永遠到達不了的目標。這就是為什麼我建議各位在對宇宙下訂單之前，先試著將「Want」和「Will」移除，例如：「我想要有錢」變成「我很有錢」。「我將會變得很漂亮」變成「我很漂亮」，以及「我想要有人愛」變成「我是有人愛的」……。一旦把這些字移除之後，你會感到有點心虛或是產生不切實際的感覺的話，那麼這樣的感覺便是你至今還無法看見宇宙顯化你的訂單的緣故。

因為我們對宇宙下的所有訂單，就好像在介紹自己的名字一樣，不會受到時間與空間的影響，也不會受到他人的想法影響而改變，它沒有好壞對錯的差別，單純是在陳述一個事實。就好比你不會因為介紹了自己的名字而感到心虛或是高人一等，而那正是你想要向宇宙發射的振動頻率。所以無論你選擇了什麼樣的形容詞（我是富足的、有能力的、有人愛的、被尊重的……），你不能只是相信自己總有一天會擁有這樣的狀態，而是真心地相信自己「現在就是」，這才是你之所以可以顯化吸引力法則的基礎。

當然，也很常有人跟我說：「我真心相信自己是富足的，但現實生活卻無法滿足自己富足的標準。」我個人覺得全世界有很多富有的窮人，因為真正的富有並不侷限於金錢多寡而已，而是有很多不一樣的呈現方式。我有個句子是：I am abundance。基本上，我一直相信自己的富足是一種多到滿出來的狀況，這也讓我在回顧人生的時候常常發現自己身上總有多到足以與人分享的富足。例如足以與人分享的食物、書、衣服，又或者是話題、資訊、體驗等等。也正因為我打從心底相信自己的富足，以致於我的富足不會只侷限在金錢，而是滿足到各個層面。也就是說，如果你的富足只侷限在金錢之上，那你自以為是的「富足」並不是一種真實的感受，反而比較像是你想要的一種狀態罷了。

還記得我曾經提過宇宙回應的是「你是誰」，而不是「你想要什麼」嗎？宇宙底下的吸引力法則其實是一種由自身所創造出來的能量，藉由這樣的能量所創造出來的振動，會間接地讓相同振動頻率的人事物發生，不管它是什麼。宇宙不會幫你分辨是非好壞，只會幫你凝聚相同的振動。

還有很重要的一點，跟宇宙下的所有訂單裡面都不要含有任何的「物質（諸如：金錢、房子、車子、勞斯萊斯、名錶等等）」。有許多人覺得自己一旦移除這些物質之後就不知道該如何下訂單了，但其實吸引力法則的核心振動是一種感覺、行為、存在感，而不是你想要的任何物質。人們往往會過度在意自己想要得到的物質，而忘了真正想要擁有的「感覺」是什麼。也就是說，與其將重心放在自己想要哪間房子，你更應該專注在擁有那間房子之後所產生的感覺。藉由移除掉宇宙訂單裡的物質，能夠讓你更清楚內心的感受究竟是什麼，以及理解自己為什麼那麼迫切地想要那個特定的物質。同理可證，你的訂單裡也不應該有其他人的存在，例如：我想要一個愛我的「男朋友」、一個無話不談的「閨蜜」等等，除了你以外，任何人事物都不應該成為你對宇宙下訂單的條件。你真正應該思考的是擁有那些人事物的背後，你真正想追求的是什麼樣的感覺，並且協助自己排除萬難達到那樣的狀態，那才是你真正需要跟宇宙下的訂單。既然宇宙底下的萬物都是一種振動的話，那麼你想要的振動就不應該受到任何的條件影響，而是必須在自身的能場產生那樣的振動。因為一旦你的能場振動明確，宇宙自然會讓頻率相符的人事物來回應你的振動。也就是說如果今天你是感覺富足的，那麼不管在任何的環境下（沒錯，甚至是身處貧困的環境下），都感受得到富足。

許多人對宇宙下訂單時，雖然嘴上掛著「我是富足的」，但內心卻感到格外地沒有安全感，並不相信自己真的值得擁有那樣的感覺。然而醜陋的事實是，如果一個人不願意面對自己的功課與內在小孩，又要如何準確地對宇宙下訂單呢？在宇宙一定會回應你的內在小孩的前提下，如果一個人覺得自己是醜陋的，那麼無論他有多麼地想讓自己變漂亮，也一定只會在鏡子裡看到自己醜陋的一面。所以如果各位真的希望宇宙能夠回應自己的訂單，就一定得面對內在小孩並處理自己的功課，因為那才是影響你沒有辦法得到宇宙回應的主要原因。

或許，你會覺得這世界上有許多人完全不需要做功課就可以得到任何他們想要的東西。但那只是你這麼以為，並不表示他們完全沒有功課。你對金錢有匱乏感，並不表示別人的功課也跟金錢有關。所謂的匱乏感可以有很多種方式呈現，一個在金錢上沒有匱乏的人，並不表示他在別的地方也沒有匱乏感。記得，每一個人的功課都是獨一無二的，我們無法以個人的觀感來評斷他人功課的難易。靈魂的進化是具有獨立個體性的，在你無法理解的同時，別人很可能早已在某一世就完成了你現在經歷的課題。

做個總結：宇宙之所以不回應你的訂單，在於你在句子裡使用了「想要」和

「將會」等遙不可及的用詞，進而讓你覺得自己永遠到達不了那個終點。一旦移除了這些字眼，並改以肯定的字眼取代，你便可以清楚地審視自己的內心是否真正地存有那樣的感覺。如果沒有，那便是你應該去面對的功課。

再來，你必須將訂單裡所有的人事物移除，包括房子、車子、金錢、另一半等等，移除之後，你才可以好好地思考自己真正想要追求的感覺究竟是什麼，因為那個核心才是真正可以讓你與宇宙產生共振的原因，而不會受到任何外在人事物影響而改變。一旦你可以將自己提高到那個標準，那麼宇宙自然會回應你相同振動的人事物。至於宇宙需要花多久的時間才能夠回應你的訂單？其實人們只要真心相信自己是富足的，那麼顯化的時間自然就不是重點了，因為他們會在生活中隨處找到讓自己感到富足的證據喔。

吸引力法則：養成尋找對的證據的習慣

★

對應頻道278集

我想透過這篇文章跟大家討論「吸引力法則」中很重要的一環：養成尋找對的證據的習慣。

在以往的諮詢經驗裡，我很常遇到客戶抱怨生活中的大小事。例如有一個客戶的錢包在公司被偷了，他的觀念覺得這並不是光靠他努力就有用的，因為身旁總會出現這類的人事物，使他覺得人性險惡，永遠無法信任他人。又或者有人總是遇到不對的人，導致他對於愛情與婚姻完全沒有信任感，總覺得自己會被人欺騙。這些人總是可以義正辭嚴地解釋自己為什麼學不會放下，也無法 Move on，因為同樣的事情總是不斷地在生命中發生。

我知道人們有時候很難聽見自己的聲音，特別是這類理所當然般掛在嘴上的抱怨：我從小就是這樣子被拋棄的、我就是沒有人愛、我就是被孤立的……我發現很多人來找我諮詢的時候，都在抱怨自己的人生沒有辦法照著他們想要的方向前進。這主要是因為——人們總是在生命中尋找錯誤的證據，並對宇宙訂下錯誤的訂單。

在了解吸引力法則之前，讓我們先將一切事物簡單化。我曾多次提到：宇宙底下的所有存在都是一種振動，無論是可見的實體或是沒有實體的意念，全是由不同規律的振動所形成的。如果各位可以用客觀的立場去想像所有的東西都是一種振動的話，就能夠很快地了解「吸引力法則」。因為所謂的「吸引力法則」正是建立在同頻相吸、物以類聚的基礎上，也就是：你是什麼樣的振動，就會吸引相同或類似振動的人事物在你的生命當中發生。

如果各位了解這個道理，就會知道自己如果想要某件事物在生命中發生，那麼第一個要件就是先改變自己的振動，才能夠吸引同頻的事物朝自己的方向前來。同樣的道理，如果在宇宙底下的所有事物都是一種振動的話，那表示任何存在的振動都可以改變其頻率，就好比高音與低音是不一樣的振動，愉快的心情與沈重的哀傷也是不一樣的振動。快樂的人會吸引快樂的事，而負面悲觀的人會吸引更多值得讓他哀傷的事，這就是最基本的吸引力法則。

吸引力法則的基礎是先找到自己內在真實的設定到底是什麼。當人們心口不合一的時候，宇宙回應的不是你想要什麼，而是「你是什麼」和「你內在真實的感受」。雖然內在的聲音很難被發掘，但外在的聲音卻是容易捕捉到的。因此，如果自己還是不清楚的話，那麼問問身旁親近的朋友們，他們鐵定知道你最常掛在嘴上的句子是什麼。像是：「我只要一碰電腦它就當機、停車位好難找、我總是遇到刻薄的老板、難相處的同事、渣男／女……」這些我們常常掛在嘴上的句子，也是跟宇宙下的訂單。人們的潛意識裡習慣尋找證明「自己是對的」的證據，以致於我們常掛在嘴上的話，成了我們尋找證據的標準。這使得我們內心雖然渴望老天可以證明我們是錯的，但我們的 Ego（自我意識）卻一而再、再而三地證明著「看吧，我是對的」。

今天你對宇宙發出了那樣的指令，宇宙自然會回應你的要求。老是覺得自己會遇到渣男的人，會遇見更多的渣男；老是覺得被老闆剝削的人，會一再遇到剝削自己的老闆；老是覺得一碰電腦就當機的人，自然有辦法讓電腦當機……因為你不斷地在尋找證明自己是對的的證據，導致老天也不斷地回應你的要求。

我們曾說過，要宇宙回應你的訂單，除了嘴上說的之外，內心也要真實地擁有相同的感受。今日無論你對宇宙下的訂單是什麼，我都希望你們可以花點時間從生命中找出可以證明「這件事是真的」的證據。例如，覺得自己富足的人可以從生命中找到富足的證據，覺得自己是被愛的人可以找到愛的證據。我不期望各位可以在很短的期間之內就找到足以說服你的證據，但就如我所說的，任何新的習慣都可以透過二十一天不斷地練習來建立。試想，一個慣性抱怨三四十年的人，怎麼可能只透過一個短短的轉念就改變十幾年來養成的習慣？你舊有習慣的持續時間愈久，你就需要愈多的時間去改變它，但一般來說，人們在開始改變後的六個月左右，可以在現實生活裡看到實質的改善。只要你今天願意做出改變，那麼你就比前一天的你進步許多。

透過不斷地練習，人們可以慢慢地改變自己原本的振動，透過每天一點一滴地累積證據，你的信念自然會變得更加地堅定。即便你所尋找的證據是微不足道的，但日積月累也會慢慢地成為具有影響力的存在，就更不用說在宇宙底下只要是感激的振動都是相同的，並沒有大小的差別。人們只要習慣性地尋找對的證據，那麼自身的能場就會慢慢地變成對的，進而讓宇宙回應同等的振動，讓更多對的人事物在你的生命中發生。

當然，人生免不了會遇到不順心的事，但有時候只是一個轉念也可以讓原本不如意的事件成為讓自己感激的證據。就好比一個人繞了十幾個地方都找不到停車位，最後終於找到停車位的時候，他可以抱怨自己繞了十幾個地方都找不到，又或者是自己終究還是幸運地找到了停車位。再小的感激透過累積都將成為你未來的財富，任何小小的轉念到最後都是可以改變你振動的趨動力。

所以，與其著重在失去的、沒有的，不如將注意力集中在自己擁有的、值得感激的人事物之上。讓自己養成找到好的人事物的習慣，因為當我們開始注意到生命中那些好的事情時，我們的內心自然也會產生感激之意，進而改變我們自身的振動，讓宇宙得以回應我們的訂單。希望藉由這篇文章讓大家可以花一點時間去注意生命中那些慣性抱怨的特定句子，像是「我不相信婚姻、不相信愛情、我總是遇到什麼樣的人、誰需要另一半」等等的句子。從現在開始有覺知地改變那個句子，讓自己學會尋找對的證據的習慣，相信有一天你會透過這樣的習慣改變自己的振動，進而吸引相同頻率的人事物靠近，漸漸地創造出你想要的實相喔。

請不要浪費時間找我諮詢這種問題：開放性關係

★

對應頻道279集

這篇文章想要跟大家討論「開放性關係（open relationship）」。基本上就是一個人不會受到任何關係的束縛，可以同時與很多人交往的意思。我想藉由這篇文章與各位分享我的看法。

其實我在之前的文章就有提到，每個靈媒會因為個人觀感的不同而對接收到的訊息做出不一樣的解釋。如果他們所接收到的訊息並不符合他們的信仰或是認知的話，那麼他們自然無法做出很好的解釋。同樣的道理，由於人的偏見各有不同，所以對於任何話題會有各自的偏好，無法做出最正確的判斷。

因此在進入這個話題之前，我想要先讓各位知道，我並不是一個相信開放性關係的人。也因此，我沒有辦法提供給各位最好的建議。這篇文章要說的並不是什麼樣的開放性關係是正確的，而是我為什麼不相信開放性關係。

在過去，我很常遇到在感情中游移不定的對象。他們往往不能決定自己該跟A或B交往，或者分辨哪一個對象才是最正確的選擇。通常遇到這樣的人，我都會選擇離開，因為我相信當一個人把你放在天秤上與他人比較的時候，就表示他其實沒有那麼愛你。一個清楚自己價值的人，怎麼可能會允許任何人把自己放在天秤上與他人相互比較？正如我相信要找到一個愛自己的人之前，得先學會愛自己是同樣的意思。

我恰巧在同一段時間聽到三則與開放性關係相關的話題。第一則是男方雖然有個交往很久的女朋友，但最近遇見另一個對象，所以他試著跟女朋友解釋自己有選擇障礙，不過既然女友與小三都知道彼此的存在，那麼他們何不試著三人行一段時間，直到男方找到答案為止？

這樣的人通常會隱晦地跟女友說，再怎麼說，他們認識的時間最久，相信到最後他還是會選擇女友。但事實是，如果他真心這麼認為的話，那麼從一開始他就不會出軌了。也正因為他其實沒有那麼愛女友，所以他的心才會一直流連在別人身上，想試探自己還有沒有其它選擇，所以才會認識新歡，不是嗎？可惜的是，大部分的人都深信出軌的另一半到最後還是會選擇自己，所以即使面對無理的要求還是想要再給他一次機會。有的人因此浪費了好幾年的時間，甚至浪費一輩子的歲月。畢竟現實很殘酷，人們即便知道自己遲早會被拋棄，也不願意接受事實。

第二則故事是在感情關係中較為強勢的女性，她的另一半遇到了一位把他當偶像崇拜的小三。於是這位女性知道男方出軌後，便不斷地為他辯解，認為要不是自己太強勢，也不會把另一半逼到出軌。

通常這種習慣事事主導的女性都會覺得，只要自己願意改掉強勢的個性，另一半遲早會回頭。但事實是，會因為自己被當成偶像崇拜而出軌的人，到最後一定會選擇崇拜他的那一方。這建立在他的男性自尊的需求上，因為他的自尊心無法在元配身上得到滿足，因此當初才會從崇拜他的小三身上獲取安慰。但我不懂的是，如果一個人喜歡自己現在的樣子，又為什麼要委屈自己去配合一個不適合自己又自尊心低落的人？

第三則案例是一對夫妻，在小孩不到三歲的時候，先生竟然跟太太要求想要有開放性關係，而且對象還是太太的閨蜜。太太在當下沒有拒絕，因為她覺得為了小孩不想要破壞婚姻，所以需要一點時間慎重地考慮。但是沒有耐心的先生卻反過來指責說，既然閨蜜和他都OK了，為什麼太太還遲遲無法做決定？難道她真的想要破壞婚姻嗎？

我覺得全天下渣男／女的天賦就是：明明是自己犯的錯，卻總有辦法說得像是別人對不起他。明明是自己出軌，但搞到最後不願意與人共享一夫的太太卻成了破壞婚姻的元凶？我不知道太太強迫自己進入這樣的關係，是不是真的為了小孩子好，但我知道，在勉強的婚姻關係裡成長的小孩，遲早都會有原生家庭的問題。

此外，我遇到一個更誇張的例子。在一段關係裡，男方劈腿，但是女方不能接受劈腿這件事，於是男方便想出一個兩全其美的辦法，那就是當他想要與別人約會時，就會與女方分手。約會完，如果對象不合適，那麼他就再與女方復合。這樣一來，他就不算出軌，因為他是與女方分手的時候跟別人約會。這樣的事發生一次還算合理，但是卻在一年之內發生了九次！

我不能理解的是，為什麼有人可以允許別人這樣糟踏自己的感情？究竟是怎麼樣的信念可以讓一個人不斷地在感情裡委屈自己，就只是相信對方總有一天會回到自己的身邊？我想知道的是，就算他真的回到自己身邊了，你對這樣的感情會感到踏實嗎？還是害怕對方總有一天會離開你？你們是否有想過：是不是正因為從來沒有真正地珍惜過自己，所以才會老是招來這些只懂得糟蹋自己的另一半？

有趣的是，在上述這些宣揚開放式關係的互動裡，全都是男方建議想要他人與女方共享自己，但是當他們發現在這「開放性關係」裡，女方比自己先出軌時，他們往往無法接受與他人共享的關係。就好比我認識有人與交往的對象要求開放式關係，他們協議彼此可以跟任何人約會，但是不准和約會對象上床。在女方遵守這種規則的情況下，男方卻不知道已經跟多少人發生關係，而當初之所以會設立這樣的開放性關係「條款」，不也正是因為不想被戴綠帽嗎？這種「我做可以，但另一半不行」的心態並不是真正的開放性關係，只不過是為了替自己的私欲冠上一個冠冕堂皇的理由罷了。

在多年諮詢以來，我見到許多客戶標榜著自己擁有開放式關係，再加上身旁朋友的經驗與體驗，我可以很確定地說，任何關係之所以「開放」，是因為無法「專注」。人們做喜歡做的事情會自然地專注，做不喜歡的事則容易三心二意。同理可證，想要擁有開放式關係的人往往並不真的喜歡現下的感情，所以才會想要知道自己還能有什麼更好的選擇。會想要跟你維持開放性關係的人，不會在繞了一大圈之後發現自己最愛你，而是想要知道除了你之外，他自己有什麼更好的選擇。通常這樣的人得要等到你成為別人的伴侶時，才會注意到你的好，當他還擁有你，他只會一直將視線放在別人身上，等待著更好的選擇出現。醜陋的事實就是：他其實沒有那麼愛你。

這就是為什麼我不相信任何的開放性關係。如果你身處在這樣的關係裡，與其思考自己是不是哪裡做錯了，或是要改善什麼缺失才能夠讓對方回心轉意……我更希望你可以花點時間好好地自問：為什麼要這麼委屈自己？為什麼會覺得自己沒有人愛？你的另一半這麼要求你，就已經說明他／她其實沒有那麼愛你。那麼你又到底是為什麼讓自己一直深陷在這種關係之中？又為什麼你會心甘情願地允許自己做個備胎？

一個人若是愛自己，相信自己值得被人愛，就不會強迫自己忍受這些不合理的要求。雖然我自認為無法在「開放性關係」上給各位很好的建議，但這並不表示我沒有辦法接受任何人選擇開放性關係。我覺得所有的關係都是互相的，只要你們彼此高興就好。但若是你在這樣的關係裡有所質疑，那麼你更需要做的是審視自己內心真正想要滿足的缺憾到底是什麼，而不是來找靈媒諮詢，試著說服我這樣的關係應該是可以被接受的。所有的感情關係都是兩個人的事，只要這個模式是你想要的生活，在不影響與干擾別人的情況下，就不用去在意別人贊不贊同，不是嗎？

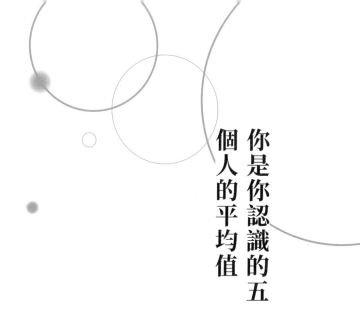

你是你認識的五個人的平均值

對應頻道 298 集

不久前有個網友問，每次他回到台灣的時候都會覺得精神特別懶散、沒有動力，所以想要知道其他人是不是也有相同的感覺。當然，有很多人反應這樣的事情不僅僅發生在台灣，可以是世界上的任何一個地方。

以溫哥華來說，每個不同的地區也會讓人自然而然地產生不同的感受。這是基於宇宙底下的萬物都是一種能量的存在，而能量本身就是一種振動，無論是實體或非實體的，都是透過量子快速的振動方式所產生的能量。一旦理解了這個道理，你就會明白為什麼人與人之間的相處很容易受到彼此振動的影響而改變。

也就是說，一個樂觀的人與一個悲觀的人長期相處，他們的振動自然會受到彼此波頻的影響而改變，這會使得悲觀的人變得稍微樂觀一點，而樂觀的人會變得較為悲觀一點。一般來說，在彼此振動的影響下所產生的新振動，往往是兩人之間的平均值。同樣的道理，地區本身也有屬於它自己的振動，除了人本身是一種振動之外，在所有的動植物、任何意念、思考與觀念都是一種振動的情況下，一個人一旦進入到一個全新的區域，很難不受到任何的影響。

一般來說，差異的感覺在初期是相對明顯的。一旦過了適應期，你自然會習慣新產生的振動。當然，有許多人在某些情況下，可能在同一個地區居住了很久，但還是遲遲無法適應，這往往是因為從一開始彼此的振動差距太大，或是潛意識裡原本就不想要改變而對其振動產生排斥感，以致於無論多久的時間都無法適應新的振動平均值。但那並不表示那個地區或人是不好的能量，往往只代表了他們與你個人能場振動不相容罷了。

對我來說，這種感官是宇宙萬物都有的生存本能，在宇宙底下的所有存在都是振動的前提下，這樣的感知可以幫助我們尋找最適合自己的地方，包括我們要面對的所有人、事、物，又或者是生存環境。在振動會彼此影響的情況下，相同的頻率會產生共振，而兩個不同的振動絕對會彼此激盪出新的振動。這個原理也間接地解釋了人們常說的一句話：「你是你所認識的五個人的平均值。」在這裡不僅指你認識的人，還包括你比較常相處的人，無論是你喜歡或討厭的。他們可能是你的公司老闆、同事、親人、伴侶，甚至是街角賣麵的阿姨……反正看你較常花時間跟誰在一起，那麼他們自然會成為你的平均值。因為振動會受到彼此的影響，無論你的頻率高或低，你都會在不自覺中受到這些常常接觸到的人的振動影響而改變。

在過去的諮詢中，我常遇到客戶明明知道自己的家庭環境有毒，卻遲遲無法離開，或者好不容易選擇隔離親人，卻感到滿滿的罪惡感。通常這些家人很可能是一個長期有行為或言語暴力的父親，也很可能是一個總是情緒勒索的母親。這些客戶明明知道自己的決定是正確的，但受到社會環境或自我期許的壓力影響，認為自己的行為與決定有違倫理道德。其實在大部分情況下，我都會建議人們先離開對自己有毒的環境，無論對方是什麼身分。如果一個人有心想要創造自己想要的未來，就必須先離開不對的環境，才能有理智規畫出自己想要的未來。如果我們的振動總是會受到與我們長期相處的人影響，那麼我們又為什麼會允許這些人來拉低我們的平均值，無論他們是以什麼樣的身分出現在我們人生當中？

我常說，人生是條自私的旅程，因為從出生到結束，人生都只是為了你的靈魂進化而鋪陳的。在你死亡的時候，你只會去思考自己這一生活得快樂嗎？是否達到自己想要的樣子？又是否有領悟到這一生所該學習的功課。既然如此，無論此刻的我們在人生中的哪一個階段，都只需要注意自己是否朝著那個方向前進就夠了，因為那可以幫助我們踏出自己的舒適圈，面對自己害怕的事。當你的夢想遠大於你的恐懼時，你會更願意為自己的未來做任何事。我可以如何成為靈魂想要的樣子？如何去達到自己想要的夢想?又或者可以為自己做些什麼……常常反省這樣的問題,除了可以幫助自己維持在正確的軌道之上,也可以注意到自己是否常常不自覺地深陷在不對的振動頻道裡,以致於遲遲無法成為靈魂想要的樣子。

在過去的經驗中,我很常遇見很努力生活卻覺得自己一事無成的客戶,也常遇到明明很有能力卻覺得自己什麼事都做不了的人,這些人大多沒有社交生活,每天只將時間消耗在公司或家裡,之後才發現他們的生活圈裡充滿貶低他們、不相信他們有能力的家人或同事。試問,在這種天天受到影響的環境下,一個人如何找回自信?如果「你是你所認識的五個人的平均值」的話,那麼你為何會允許這樣的人來拉低你的平均值?你又會選擇與什麼樣的人相處?

如果今天的你遲遲無法成為自己想要的樣子,那麼你是否該思考你為自己創造了什麼樣的環境?在所有存在都是一種振動、任何振動都會受到彼此影響的情況下,想要讓自己成為一個更好的人,就必須尋找能讓自己更好的方法,而不是讓自己深陷在自我厭惡的環境中。所以花點時間去思考自己究竟想要成為什麼樣的人,有什麼樣的夢想，**藉由明確的標準來審核自己的平均值，以及是否要短暫隔離生命中那些會阻礙你前進的振動**。因為最終這趟輪迴是你一個人的旅程，在必須離開的那一刻，你只想知道自己是否已成為靈魂想成為的樣子。為了達到那個目標，現在的你無論採取什麼樣的舉動，以靈魂的角度來看都是可以被諒解的。即便選擇離開有毒的親人而不被他們諒解，那也是你生命中必須面對的功課。所以與其思考離家這樣的行為對不對、是否會被社會認同，你更應該花時間思考這個決定是否可以幫助自己成為靈魂想成為的樣子，並好好地省思在「你是你所認識的五個人的平均值」的前提下，你會選擇與什麼樣的人相處呢？

不要殺了聖誕老人

對應頻道 293 集

每到聖誕假期，身旁總有不少人討論該如何將「聖誕老人」的真相告訴小孩，因為他們不想讓孩子活在想像之中，覺得有義務告知他們真實世界的模樣。當然，也有許多小朋友到了一定的年紀後，就會以一副成熟的樣子告訴我，他們知道聖誕老人都是父母裝的，想向我證明聖誕老人其實不存在。

自從小孩出生到現在，我大概不自覺

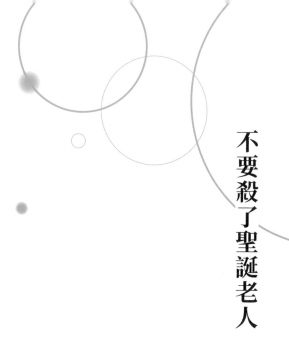

地扮演了三十幾個小孩或大人的聖誕老人。往往是很多父母不知道該買什麼禮物給他們的小孩或另一半的時候，我成了他們求救的對象。雖然在過去這麼多年裡，我親自購買了許多人的聖誕禮物，也自願充當聖誕老人，但這並不表示聖誕老人不存在。

其實我一開始和大多數人一樣，覺得小孩對聖誕老人的深信不疑是種很可愛的舉動。直到我開始著手購買許多人的聖誕禮物時，我才發現聖誕老人似乎不是虛構出來的。因為我發現，若我購買禮物的對象相信聖誕老人，購買他們的禮物就變得格外簡單，即使有時候他們想要的禮物是限量發行的產品。反之，如果對方一點都不相信聖誕老人，那麼再簡單的禮物也很難買到。即便那只是我輕而易舉就可以上網訂購的小禮物，也會讓我的電腦莫名奇妙地一直當機。

正因為我不斷地在大人和小孩身上看到同樣的事件發生，讓我開始研究並理解聖誕老人是一種實質存在的能量。他或許不是人們想像中揹著禮物袋、挺著大肚子的模樣，但他的能量是毋庸置疑的。在我過去的經驗裡，最經典的例子就是一位朋友想為她的兒子買一套聖誕節前夕才開賣的電玩。由於限量的緣故，所以開賣不到十二小時就銷售一空。等到那位朋友聯絡我的時候，距離聖誕節只剩幾天的時間。在此之前，她已經尋遍了各大賣場，全都得到完售的答案。那時候的我正準備帶小孩去逛街，所以我向她承諾，如果看到電玩店會幫她詢問看看。

我們剛好經過一家電玩店，進門前我還跟小孩說這是測試朋友的小孩到底相不相信聖誕老人的最好實驗。但正如我們預期的，當我向店員詢問該款遊戲時，店員立刻翻白眼地說那是本年度最熱銷的商品，每家店都完售了，更別說那時距離聖誕節只剩幾天的時間。我還是請那位店員去倉庫看一下是否還有庫存，在我的堅持下，店員只好滿臉不情願地去幫我查看庫存。不到五分鐘，店員帶著不可置信的表情走出來，手上拿著我要的那款電玩遊戲說：「我真不敢相信，幾分鐘前剛好有人把這片遊戲退回來！」因此，我們順理成章地接收了剛剛被退貨的熱銷商品。這讓我的小孩很興奮地說顯然朋友的小孩還很相信聖誕老人！

我之所以很喜歡舉這個例子，是因為這是證明聖誕老人存在的經典範例，無論是發生在大人或小孩身上。反之，當一個人不相信聖誕老人時，即便他想要的禮物隨手可得，也很可能怎麼找都找不到。正因為這樣的事件重複地發生，讓我更加深入地研究，進而發現聖誕老人其實不是一個實體的人，而是一股龐大的能量。它可以讓「給予與被給予」這件事很順利地發生在願意相信的人身上。

我希望各位不要扼殺聖誕老人的原因是，當小孩還小時，其實他們的感官仍然跟宇宙有所連結。即使有很多事，人們看不到也無法解釋，但那並不表示這些事情不存在。如果一個人相信美好的事情會發生在自己身上，如同聖誕老人會把我想要的禮物送給我，那麼這樣的信念就會製造出同等的能量，進而顯化那樣的實相。如果各位可以退一步思考，就會意識到這個模式與我們期望透過吸引力法則來顯化我們的實相是相似的。

人們很常在成長的路上因為遇到困難而感到孤立無援，甚至感覺自己一無所有。在這樣的情況下，能夠相信未來有更好的結局等待著我們，往往才是督促我們跌倒再站起來、持續往未來前進的動力。也正因為相信未來還有更好的選項等待著我們，所以面對此時此刻的一無所有，才不會讓人覺得毫無終結之日。這個過程其實與相信聖誕老人無異，因為聖誕老人所要帶給我們的禮物就如同那個美好的未來。我們期望小孩相信未來一定有好的事情會發生在他們身上，但要如何說服他們相信這種既看不到也摸不到的信念呢？你們難道不認為，教育小孩子去相信聖誕老人的存在會是很好的開始嗎？

所以各位親愛的父母們，不要急著替你們的小孩扼殺聖誕老人，不要急著教育他們現實的殘酷，而是讓他們去相信未來會有好的事情發生在自己身上。你可以像我一樣向小孩解釋聖誕老人不是一個人，而是一股龐大的力量。它掌握著給予與被給予之間的能量互動，無論它是實質的物品或是能量上的感受，它可以引導你到你想要去的地方。那麼孩子們所受益的將不只是有沒有禮物這麼簡單的影響，而是關乎以後在人生徬徨無助的時候，是否能夠相信自己會有更好的未來，或是接受暗中那些來自陌生人的幫助等等，這全都是相信聖誕老人的存在可以為他們帶來的好處喔。

最後，有人好奇在上述的故事裡，如果朋友的小孩相信聖誕老人的話，那麼為什麼他的母親沒有辦法輕易地幫他買到禮物，反而要透過我幫忙購買呢？這其實是因為小孩的母親根本不相信聖誕老人的存在。所以在正負相抵之下，自然會得到什麼都沒有的結果。這也間接說明，無論你是什麼樣的信念，你選擇相處或合作的人也扮演著同樣重要的角色喔！

安樂死

★

對應頻道 285 集

經常有人詢問我對「安樂死」的看法，想知道選擇「安樂死」究竟是對的還是錯的？如果你無法分辨對錯的話，那麼就試著將這樣的行為套用於自然萬物吧。如果自然萬物中有類似的行為，那麼就沒有必要糾結它是對的或錯的決定。不過，我對於「安樂死」並沒有任何的看法，只覺得那是一種個人選擇罷了。

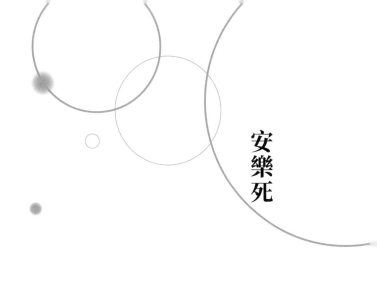

其實，大部分會選擇「安樂死」的人，要不是因為自身的痛苦遠大過於他們所能夠承受的，就是不希望自己讓身旁的人跟著痛苦。單就邏輯來思考，這個決定並沒有好壞對錯，有時候甚至更偏向於好的決定，因為這樣的選擇通常是為了減少極大的痛苦，不管是對於當事人或是他們身旁親近的人。當人類邏輯判斷出是好的決定的話，在靈魂底下也應該是相同的答案吧？如果我們無法用邏輯來解釋這件事的好壞對錯的話，那麼就試試以靈媒的視角來判斷吧。

從過去的經驗裡，我透過家裡的寵物們學到很重要的一堂課，那就是「與死亡共處」。因為家裡的狗得了糖尿病，在甚至還沒有進入治療前就必須先面對巨額的醫療檢測費，這使得我們最後在沒有能力支付的情況下，決定不干涉死亡，讓宇宙runs its court。做出這樣的決定並不容易，但也是這個過程讓我清楚地感受到人們在面對死亡的時候，其實是很難接受死亡的到臨，往往會想要做點什麼事去改變結果。我也才意識到，原來學習與死亡共處是人生必須經歷的一大功課。

同樣的道理，如果一個人選擇「安樂死」，他們往往在某種程度上是無法與

死亡共處的，無論這樣的決定是發生在他們自己身上，或者是家人身上。因為不知道也無法預測死亡會為我們帶來什麼樣的痛苦，所以想要用可以控制時間與方式的「安樂死」來決定死亡。（但說真的，應該是內心有某種程度的控制狂才會想要控制無法預測的死亡吧^^|||）

這樣的行為在自然萬物中存在嗎？麻雀在被人捉到時會咬舌自盡，眼鏡猴在被捕時選擇自殺，所以自然環境下的確有這樣的事情發生，但都是面臨生死關頭的情況，多半是用自然的方法，而不是透過外來的藥物。

也有很多人想要知道，「安樂死」的靈魂是不是跟自殺的靈魂一樣，會面對相同的後果呢？其實不是。因為通常自殺的靈魂在死前就已經不斷地為自己創造了一個情境泡泡，所以在他死亡後便會被這個情境泡泡困住，讓他看到不斷重覆循環的影像，為的是讓他可以從這樣的情境裡面自我解脫，並找到比死亡更好的解決方法。因為唯有這樣的領悟之後，他才有辦法進入到下一個階段，重新計畫自己的人生。

通常自殺的靈魂受困在情境泡泡裡面是聽不見任何人說話的，這跟安樂死的靈魂是十分不同的。因為安樂死的靈魂往往是被困在一種與世隔絕、無邊無際的灰色地帶裡，這個目的是為了讓他們在沒有任何干擾的情況下自我反省。在這個次元裡，他們可能依照自己當下的狀況而聽得到外界傳來的聲音，但是卻沒有辦法看到任何的影像。這跟自殺的靈魂不斷地受他們的情境泡泡折磨是非常不一樣的。用我的感官來形容的話，這個次元比較像是「虛無」，就是一個什麼都沒有的灰色地帶。

這些選擇安樂死的靈魂們必須好好地思考自己為什麼不能與死亡共處，又為什麼想要操控死亡，並覺得安樂死是最好的選擇？可能是他們自身沒有辦法承受痛苦，也可能是他們無法看到親人為他們痛苦，無論是什麼理由，這其中必然有他們必須成長的課題。一旦他們從中得到了領悟，他們就會從虛無的空間裡看到通往白光的道路。

所以，以靈媒的視角來看，自殺與安樂死都會受困於某種空間裡，只是自殺後所設定的情境泡泡大多很戲劇化，而安樂死後受困的次元卻相對的安靜。但兩者都是為了讓靈魂可以好好地反省自己的人生以及與死亡的關係，並為他們生前所做的決定思考出更好的解決辦法。

而自己選擇「安樂死」以及替寵物選擇「安樂死」也是全然不同的，因為這樣的結果不是決定在當事人，而是飼主身上。通常會選擇安樂死的人，他們的內心都會有一種罪惡感，無論是對自己或是親人，而那樣的情緒是他們在灰色地帶裡必須要消化掉的。但是當飼主替寵物選擇了安樂死的時候，這樣的罪惡感或愧疚感，往往是落在主人身上。在做出這樣的決定之前，他們就已經被強迫去處理這樣的內在情緒。

所以，如果你身旁也有很認真地思考要不要安樂死的人的話，我覺得最好的方法是幫助他們把那些積鬱在心或是不敢說出口的話給說出來，並化解任何隱藏的內在情緒，而不是等到他們死後自行消化。因為有些時候，別人會比自己更容易看見我們自己的盲點，要不然，在死後的虛無與沒有人傾訴的狀態下，才真的會叫人想破頭也想不出個所以然。

人在生前其實有很多的選擇，一旦死後往往就得靠自己去想通。選擇安樂死的人雖然不需要像自殺的人面對許多不斷重複的戲劇化情節，但虛無又沒有目的地的空間同樣會讓人感到迷惘喔。

死後的灰色地帶

★

對應頻道 286 集

相信有很多人覺得人一旦死了之後就會直接進入白光，特別是許多電視影集裡那些在人間遊蕩的鬼魂，一旦被超度，眼前會頓時出現一道白光引領他們進入天堂，更加深這樣的觀念。但是，人死後真的就直接進入白光嗎？其實從人死亡後，到真正進入白光之前，還有一段說長不長、說短不短的灰色地帶。

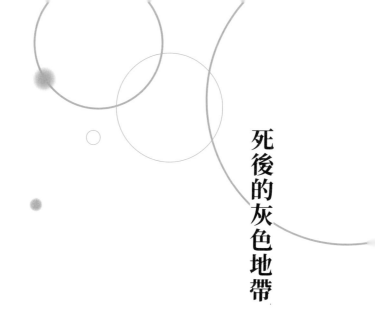

這段灰色地帶對大部分的人來說可能只是不痛不癢的過渡時期，但對少部分的人來說，這段灰色地帶也就等同於他們認知裡的「地獄」。在我之前的文章曾提過，靈魂會依照祂昇華的狀態而形成不一樣的等級，而鬼之所以成為鬼是因為他們還放不下生前的執著。那或許是他們念念不忘的親人，也可能是一件未完成的心願，無論是為了什麼，由於靈魂放不下生前所產生的執念，以致於他們會不斷地在人的空間裡遊蕩。通常得要等到他們學會放下內心執著的事之後，才會感到茅塞頓開，看到白光。他們會了解人生的所有鋪陳，也理解與自己的離世都自有原因與安排。隨著內心放下的執著愈多，眼前的白光也會變得愈明顯與靠近。也就是說，在白光發生之前，他們所看到的世界全都是灰色的。

不過，這並不表示每個人死後都會在灰色地帶裡逗留，通常在生前就已經正面處理大部分人生功課的人，死後會因為已經接受了自己的死亡，也學到了輪迴轉世所必須學習的功課與成長，所以可以很快地進入白光。

只不過並不是每個人的一生都可以過得這麼坦坦蕩蕩，大部分的我們一生中總有一些「明知不可為而為之」的事件，這樣的事件會不自覺地在我們的內心留下罪惡感、羞愧感或是遺憾等情緒。當這些情緒不斷地在你的內心發酵，即便時間流逝，人們以為自己已經完全遺忘了這些情緒，但是當人死亡的時候，這種從來沒有被處理過的情緒就會完全浮上檯面。而這樣的情緒在灰色地帶裡，會折射成為你必須去面對與體驗的功課。就好比一個人在生前殺人放火，在靈魂底下，他明明知道這件事是不應該做的，但在那個當下無論他是用什麼邏輯說服自己去執行這樣的行為，又或者他有多麼地享受那個快感，他的靈魂都會仔細地記錄著他的所有起心動念和一舉一動，甚至是受害者所承受的每一種痛苦。而這些他加諸在他人身上的體驗，則會在他經過灰色地帶時顯化成他必須承受的體驗。人們在灰色地帶的體驗也極有可能會受到自己的宗教、文化、教育、信仰影響，演化成我們所知的上刀山、下火海等酷刑。往往得要等到他們可以完全同理自己加諸在他人身上的體驗之後，才有辦法從這樣的情境中脫離並看到白光。這也是為什麼我在文章的開頭說，灰色地帶是一條說長不長、說短不短的路，它完全取決於每個人的潛在情緒。

在大部分的人眼裡，它可能只是一段過渡區域，但對少部分的人來說，卻是一條生不如死的漫長之路。特別是對那些做虧心事的人來說，那更是一種如地獄般的體驗。灰色地帶不像人們在世那樣，不想要面對的話，只要避開就不會碰到，由於靈魂沒有肉身做為掩護，你真實的情緒都會完完全全地被顯化，以致於你完全沒有藏匿之處。

我曾經提過，即便我只是單純好奇白光後面的世界，我也花了好幾年的時間，一一處理了內心所有被遺忘的情緒之後才有辦法一探究竟。灰色地帶就好比是靈魂進入白光前的過濾網，幫助我們過濾在世時的所有情緒與意識。人們在睡眠、沒有受到邏輯支配的狀態下，可以回到源頭充電，但只要邏輯意識還在支配著你，那麼你大多數的時間仍是在人的次元裡遊蕩，無法得到真正的休息。

而鬼正是因為放不下生前的執念與情緒，所以在這樣的空間裡才會更快地顯化他們的心境。灰色地帶會因人而異地顯化出完全不一樣的虛擬情境。有些人可以輕輕鬆鬆地進入白光，有些人則會受限在自己的情境裡無法自拔。在我這個外來人的眼裡，他們雖然站在原地不動，但難掩他們痛苦的表情。當然，這樣的情況並不侷限於那些做壞事的人，對於那些明明知道自己該做些什麼，卻選擇什麼事也不做、虛度一生的人，在灰色地帶裡也可能會受到自我靈魂的譴責，感覺自己一直游蕩在虛無之間。

這也是為什麼我常鼓勵人們，在還活著的時候就多少做一些功課，因為任何你不願意去面對與處理的情緒，到最後靈魂還是會要你面對的。當然，有很多人還不太了解究竟什麼才是「做功課」，我個人覺得單就灰色地帶來說好了，真想要讓自己在灰色地帶裡不受到任何情緒的譴責，那就試著讓自己活出一個問心無愧的人生。這樣當你面臨死亡的時候，就不會有那麼多無法消化的情緒，反而讓自己一直滯留在灰色地帶，無法進入白光的世界。

總結來說，「灰色地帶」是每個靈魂進入白光前的必經之路，由於它會將靈魂潛在的所有情緒全部顯化成可以體驗的虛擬實境，所以對少部分的人來說，它就像是地獄一樣的存在。但是對一個坦坦蕩蕩問心無愧的人而言，灰色地帶只不過是一條通往白光的道路罷了。在通過這個地帶的時候，由於有白光的指引，所以大部分的靈魂不會感覺到害怕。因此如果你自覺內心有什麼情緒是你一直逃避又不願意處理的，那就趁還活著的時候好好地面對，這可以減少你停留在灰色地帶的時間喔。

死亡之後，白光之後……

對應頻道 287 集

這篇文章想與各位討論死亡之後以及白光之後的世界。相信各位就算不是靈媒，也一定看過電影裡每次鬼要昇華時都會有一道白光出現，然後他們就會面帶微笑地進入白光裡面吧？我想討論的就是那道白光究竟是什麼，又是從何產生而來，靈魂又為什麼總是想要進入白光。

其實各種宗教對於白光有不同的定義。

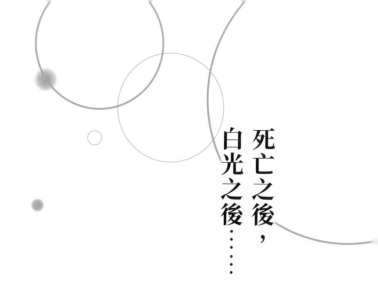

西方的宗教稱它為天堂，東方的宗教稱它為極樂世界，也有人說它是充滿天使的世界……基本上無論哪一個宗教、用什麼名詞來形容，都是指一個靈魂死後想要回歸的地方。

在我們解釋白光之前，先讓我們複習一下「靈魂」到底是什麼，而「鬼」又是什麼。在我的認知裡，「鬼」由於放不下生前的執著，所以仍以生前的樣貌存在人的空間裡。他們往往有許多生前放不下的人事物，所以一直遊蕩在人世間，等待這些執著的人事物被解決之後，他們才會願意進入白光。一旦進入白光，他們會進化成為靈魂，他們的身分與樣貌不會受到生前意識的影響，而是形成單純的光能量體。這也是為什麼在這個狀態下的他們不會受到時間與空間的限制。

「靈魂」是一種有意識的光能量與全知的存在。它所承載的資訊不會僅限於這一輩子，而是從靈魂有意識以來到此時此刻的所有資料。它的形體也不會受到某一輩子的樣貌影響，大多是以光源的方式呈現。而「鬼」則是會以生前的模樣呈現，並且執著於生前的信念。意識與情緒所產生的執著度（如怨恨、遺憾、罪惡感、羞愧感……）是靈魂與鬼之間最大的差異。

正因為這樣的差異，當鬼要進入白光之前，必須先放下心中的執念。等到意識與情緒被淨化之後，就會自然而然地轉化成靈魂。也就是說，白光之後只有靈魂的存在，沒有遊蕩的鬼。所以，從死亡之後到白光之間的距離是所謂的灰色地帶，就暫且當它是白色與黑色的混色過程，也就是鬼學著慢慢地放下內心執著，轉換成靈魂的過渡期。也因為進化之後，大家都是以靈魂的狀態存在著，就猶如一間房子裡開了數盞燈一樣，整體上會讓人有充滿白光的感覺。

靈魂的光能量與我們所知道的燈泡光源是不同的，它不刺眼而且屬於較溫和的溫度，這也是為什麼白光往往不會讓人感到不適或難受，反而有種像被母親抱在懷裡的溫暖感。由於白光裡都是靈魂的存在，所以許多有瀕死經驗的人在分享白光的體驗時，都會將它形容成回家的感覺。大多的瀕死經驗都是靈魂抽離身體，在沒有意識的干擾下進入白光。

其實在剛開始超度鬼的時候，我對於白光是有點恐懼的。因為每次在超度鬼時，我都看見他們往那個方向走進去，所以我的腦子理所當然地認為那是一個只有往生者可以去的地方。約莫花了五年的時間，我才開始對白光產生好奇，想知道在那之後是個什麼樣的世界。也因此，我才知道白光並不是想去就進得去的，在那之前都得經歷一段說長不長、說短不短的灰色地帶（也就是我所形容的「地獄」），之後才有辦法真正進入白光。

為了想要進入白光，我著實花了好一段時間，好不容易解決了灰色地帶所需要面臨的種種問題之後，才終於有辦法踏進白光裡的世界，也才發現白光其實是個靈魂隨時可以進出的地方。只不過大部分的人會在睡眠的狀態下回到這裡，而人們在有意識的情況下想要回到這裡，則必須體驗放下所有意識與情緒的過程。也是在進到白光之後，我開始理解靈魂是不受時間與空間限制的，這幫助我在後期更加地著重於時間的研究，進而開發出更多的靈學領域。

由於在白光的狀態下，靈魂是一種全知的存在，所以祂們對自己的人生藍圖有全面的概念與認知，也能夠理解生命中那些無論好壞事件的鋪陳原因，以及想要達到的結果。因為他們的視角不再只侷限在這一輩子的意識，而是能綜合靈魂從形成以來的所有資訊來審視自己的人生。靈魂可以在白光裡審視自己的過去與未來，也可以安排自己的人生藍圖、平台、功課、合作夥伴、角色扮演、身分與長相……。對一個還擁有人類邏輯意識的人來說，進入到這樣的空間，感覺就像是小學生進入大學看大學生們選課一樣，有種大家都知道該做什麼，唯有我不懂現在到底發生什麼事的感覺。

人們常說人類只懂得運用10%的大腦，白光之後的感覺則像是人們清楚地知道該如何使用到100%。它像是一個全知又高智能的存在，並且不受到任何時間與空間的限制。在白光裡，很難用人類邏輯去思考它裡頭的一切是如何運作的。

是不是人死後才可以進入白光？其實活人也很常進入白光，只不過大多是在睡眠的狀態下，以靈魂的方式進入。它像是靈魂的源頭，除了可以幫助你清楚地看清自己人生的鋪陳之外，也可以讓你有種回復精力的感覺。很多時候當人們在現實生活裡遇到困境而找不到答案時，我們的靈魂就會選擇回到源頭去充電，重新審視自己的課題大綱和解決方法。這也是為什麼很多人在好好地睡一覺之後，覺得腦子裡出現一些想法可以幫助他們解決生活上的問題。

當然，並不是每次回到源頭都是為了解決問題，有些人只是單純地需要充電後再重新出發，這也是為什麼你在睡醒後什麼也不記得，只會覺得精神飽滿。而有意識的靈魂要是想要進入白光的話，則必須先學著處理自己內在的情緒與意識才有辦法進入。

很多人想要知道，在白光之後是否可以再見到往生的親人？靈魂是一種光能量的存在，本身並沒有任何特定的形體，但會依照你個人的濾鏡，顯化成為你熟悉或是想要看到的模樣。由於他們不會受到時間與空間的限制，所以即便他們已經往生了好一段時間，他們還是極有可能以你習慣的模樣出現在你的眼前。請允許我再說一次，鬼與靈魂是兩種完全不同的存在：鬼大多還執著於生前的身分與認知，但靈魂是全知，不受到時間與空間限制。

有人想知道**失眠是不是也是因為白光的關係？**人之所以無法入睡往往是因為

意識操控的原因，諸如擔心、恐懼、壓力、焦躁等等，都是使人睡不著的原因。這跟白光沒有任何的關係，而是你的意識不願意與自己的身體、情緒與靈魂達成共識，在想太多的情況下，造成無法入睡的結果。不過這不是本文的主題，我只是想要藉由這篇文章讓大家對白光有點認識。

總結來說，「白光」在不同的宗教裡有不一樣的名詞代表，我個人則喜歡用「源頭」來稱呼它。靈魂進到白光之後往往會有更廣闊的視野，感覺像是回到家一樣。而白光的光源來自於靈魂本身就是光能量的存在，由於很多靈魂聚集在一起的緣故，所以會有種特別明亮的感覺，但它不是刺眼的，而是讓人感覺到像回家一樣的溫暖喔。

靈性修行的道路

對應頻道 291 集

在過去二十幾年的諮詢裡，我很常被問到：「哪一條靈性修行道路才是對的？」特別是現在有許多的教派，令人覺得暈頭轉向、不知所措。有的教派覺得人生就是要透過淨化與修行來得到成長，也有的教派相信人就是來受罪的，所以才無法逃脫六道輪迴之苦。因為眾說紛紜，使得人們總想要知道究竟哪一種觀念才是正確的。

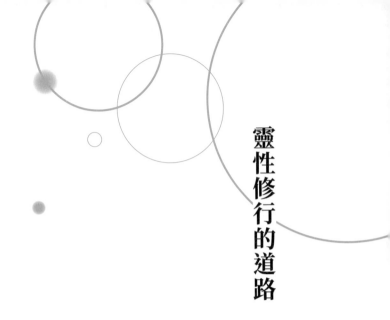

我曾說過，宇宙底下是沒有是非對錯之分的。也就是說，這宇宙底下所有萬物都有其存在的道理，無論在人類狹隘的觀念裡面它們是好的還是壞的（人類會依照自己的偏好與習慣來決定事物的好壞）。一旦各位了解這個道理，自然能夠理解凡事都是一體兩面，也就是你認知裡所知道的那一面，並不一定是全部的答案與真相。

就拿手機來舉例好了，你所看到的手機螢幕並不等同於它的手機殼。一個人如果專注在一個點而無法多方面地去了解的話，就很容易被自己的執著蒙蔽雙眼而無法辨別真相。相對地，當一個人願意多方面地了解，就能夠以全方位的認知去尋找與理解事物的真相。同樣的意思，當我們不會人云亦云，一味地聽從任何經文裡所講述的一切，而是讓自己帶著實驗印證的態度，真實地了解每一個道理，自然能夠以開闊的視野去發掘真相。

相信各位應該記得我的高等靈魂曾經分享過：「語言會限制我們的靈性成長。」文字被創造的時候，是為了幫助我們溝通與理解，但隨著時代的變化，人們開始對文字產生依賴，而忽視了文字所無法表達的感官與感受。但宇宙之大，並不是所有的存在都有辦法透過文字表達出來的。文字之所以被創造是為了幫助我們了解，但是不該限制我們的理解能力。也就是說，人們一直執著於眼見為憑的世界裡，可是就算眼睛看不到也不等於不存在，文字無法表達出來的也並不代表不存在。

此外，我的高等靈魂還分享過：「人們很容易在靈性的道路上有所心得，便迫切地想要自創宗教，因而造成靈性成長停滯。」因為人們一旦滿足於自己的現狀便不願再繼續學習，進而沒有辦法看到萬物的所有面向，只會看到他們想要看到的。他們往往因為人們的崇拜而沉浸在自己的貪、嗔、痴裡。想要讓自己的靈性繼續提升的最好方法其實是對萬物永遠保持好奇，繼續讓自己鑽研下去。

這麼多年來的靈性旅程讓我理解一件事，那就是當人們對靈性有某個程度的理解時，都只是初期而已，爾後隨著自己知道的愈多，你會開始質疑自己所知道的每一件事究竟是真還是假，是對還是錯……也因為視野的開拓，對事物的理解層面愈廣，你可能會開始意識到一件事的真實面與你一開始所理解的有所出入。有時候得要等到自己有辦法將所有的拼圖拼湊在一起，學會放下是非對錯的觀念之後，才有辦法全然地了解事情真相究竟是什麼。

現在讓我們回到文章最初的問題：究竟哪一條修行的道路／方向才是對的？我們來到地球究竟是要學會淨化自己，還是為了來懲罰自己？

如果各位理解我上述的觀念，就會知道這個問題本身是不合理的。因為宇宙底下沒有是非對錯，凡事都有一體兩面。無論它是黑色還是白色，都有它存在的道理。與其在此掙扎著哪一條路才是對的，你們更需要做的是去尋找每一條路上能學習到的真理究竟是什麼。一旦你能從那條道路上學習到你所需要的真理，那麼你們就可以轉換到下一條道路去尋找其它的真理。

生長在較為傳統的道教背景的人們相信，一旦遁入六道輪迴，便很難昇華到極樂世界，這樣的觀念難免讓人覺得輪迴是為了贖罪。隨著視野的增長，我清楚地知道這樣的觀念並不是真的。因為靈魂是為了讓自己成長進化才選擇投胎的，既然如此又怎麼會有贖罪之說？我相信人們因為語言的限制而只能以狹隘的邏輯思考方式詮釋我們無法得到印證的訊息，再加上我們的教育文化與認知又限制了我們對萬物的註解能力，於是在一代又一代的轉述之後，原本廣義的真理也變得愈來愈狹義。我們不但從小就被教育「靈魂之所以投胎是來贖罪」，爾後在成長的過程中，只要感受到各式各樣的痛苦，就會更加地堅定這樣的信念。

人們很容易受到負面情緒的影響而深陷在罪惡感、羞愧感或無助感之中，但任何的能量都是需要被消化的。通常當這些情緒產生的時候，功課也會跟著成形，往往得要當事人願意正面處理這樣的事件，我們累積的情緒才得以釋放。人們很難在快樂的狀態下得到任何的成長與領悟，往往是因為想要脫離痛苦的情境才會想辦法改善現況。在靈魂想要成為最好版本的自己的情況下，我們會為自己的人生安排各種不一樣的功課，透過突破與真實的體驗來得到靈魂想要的成長。因此，**你的靈魂不會創造出你過不了的坎**，而是期望你能夠透過一次又一次的突破，慢慢地增長自己的靈性肌肉，讓自己成為一個更好的存在。

也因此，在靈性的修行道路上並沒有對與錯的差別，無論你選擇了哪一條路都有其存在的道理，也有你必須發掘的真相。別讓自己一直沉浸在「為什麼自己的人生這麼苦」、「為什麼自己總是做出錯誤選擇」的循環裡。任何只要能夠在當下幫助到你的方法，在此時此刻對你來說都是最正確的決定。

我說過，你這一輩子不處理的功課會成為你下一輩子必須面對的功課，但這並不表示你會永遠受困在六道輪迴裡面。只要願意面對自己的恐懼，勇敢地挑戰自己，那便是最快也最正確的選擇。透過體驗各方面的人生，你才能夠真實地感受到這一生所要帶給你的體悟到底是什麼。與其不斷地糾結什麼是對的、什麼是錯的，不如先學會放下這種黑白對立的觀念，退一步看看生命中發生的每一件事，並思考當中要帶給你的真理，或許你會因為自己的視角不同而有全新的領悟，而這一段發掘自己的過程就會是你靈性修行最好的道路。

靈性修行本身跟任何宗教、信仰、靈通力或工具技能無關，而是任何可以幫助你修練靈魂本性的方式都可以稱為靈性修行。既然如此，就沒有對與錯之分喔。

毫無限制的時間觀念

對應頻道 292 集

曾經有個網友提出一個問題：「如果在靈魂的狀態下是不受時間限制的，也就是說我們的過去、現在、未來是同時存在的，那靈魂有可能可以選擇投胎到過去？」

在回答這個問題以前，我想要先給各位做個複習。我在之前的文章提到，時間並不是人類想像的那樣以線性方式直線行進的。

當我的高等靈魂第一次介紹這樣的觀念給我

的時候，我無法跳脫人類的邏輯去理解他要表達的意思。直到有一次，我到墨西哥 Tulum 遺址旅行，我好奇地想要知道它們風光時期的模樣，於是開啟了自己「回復舊有景觀」的頻道。但是，與往常不一樣的是，這次除了還原遺址原有的模樣之外，我還看見了人群以及廣場正在進行的儀式。因為鮮少在還原遺址的情況下看到任何進行中的儀式與活動，使得我忍不住好奇上前仔細地觀看。那是一個人躺在石台上，前面有祭司，周圍則是一群好友們圍繞著他，不斷地給予他祝福。而王室成員們全部聚集在另一邊的高台上觀看著整個儀式典禮。躺在石台上的人不像是生病了，反倒像是好端端的人等著被處死似的，但他臉上表情所呈現的不是恐懼，更像是一種榮耀。總之，這是一個我看了半天也看不懂他們要做什麼的儀式。

一直以來，我都相信無論自己看到什麼，那全都是被儲存在石堆裡所反射出來的虛擬實境，或是過去存留在土地上的殘影。直到我不小心與當時舉辦儀式的祭司對到眼，我感到一陣毛骨悚然。特別是當祭司的眼睛不斷跟著我移動的方向移動時，我開始懷疑他是否看得到我？又是如何看到的？我以為自己只是還原了影像，難不成還回到了過去？特別是我之於他們來說是幾千年後的存在，為什麼他還能看得到我？

在我們四目相交後沒多久，我就因為一股莫名奇妙的頭痛攻擊而作嘔。隨行的人都覺得我可能中暑了，但我清楚地知道這不是單純中暑這麼簡單的事。因為除了頭痛、全身無力、發熱之外，我的腦子裡還開始出現很多聲音，大部分都不是我的。那些聲音不僅不斷地想要說服我去跳樓，更別說我的體溫一直忽冷忽熱，就連醫療等級的退燒藥都對我完全無效。我整整三天都是這樣的狀態，之後才終於有辦法將那個聲音從我的腦子裡完全移除，並慢慢地恢復正常。也因為這個體驗，我開始研究所謂的「平行時空」，因為我一直無法理解我只不過是「還原」過去，為什麼可以讓他們看得到我，還有辦法對我的身體造成影響。

在人類的觀念裡，時間是線性的，也就是過去的就已經過去了，不可能跟未來有任何的重疊與交集。但如果這個道理是真的，那麼我也就不會受到馬雅祭司的攻擊。於是我不斷地實驗、研究、測試，想要知道其中的原理，也因此開始理解平行宇宙的道理。這也才發現我們的過去、現在以及未來是同時存在的。與其用線性去形容它，我覺得點面狀反而是更加適宜的。如果我們把時間當作是一面蜘蛛網的話，那些曾經存在又或是未來可能會存在的時間點都像是蜘蛛網上的交叉點，也就是說每一個時間點都是同時存在、彼此牽引。

正如我們其實很常在沒有意識的情況下做時空旅行，就好比你會因為某個情境而回想起記憶裡的某個片段，回想的時候覺得自己好像身歷其境般地回到那個當下。這其實就是我們很常做的時空旅行。這也解釋了我們的現在與過去其實同時存在，並且直接地影響著我們未來的結果。

就好比很多人因為在成長的過程裡經歷了某種傷痛，之後被某個事件啟動了那個傷痛時，我們的體感會在瞬間回到過去受傷的那個時候，並用那個時候的你來回應你後來所面對的問題，進而創造出與過去相同的結果。在那個瞬間，你並不是你，而是曾經受到傷害的那個角色。所以我很常說我們習慣用過去的心態過日子，因為每每我們有這種舉動的時候，我們的過去與現在就是並行的。

我相信有很多靈性修行的人都知道，想要創造出理想的未來就必須先學會面對自己的內在小孩。而內在小孩往往是由你的過去經驗所產生出來的。我們必須教會內在小孩放下過去的傷痛，並懂得愛自己。一旦我們學會放下，我們的此時此刻便會產生一種釋然感，進而對現況做出不一樣的反應，而你的未來也會跟著延伸出各式各樣的可能，不再被過去的經驗綁架而製造出與過去相同的結果。

舉例來說，我們都知道這一輩子裡有很多習慣是由過去的輪迴所累積而成的。當我知道自己有些恐懼是源自於某一輩子的經驗時，我試圖回到那個特定的時間點安撫自己，並讓自己學著放下正在生成的恐懼。當內在小孩的情緒得到安撫，我可以感覺到此時此刻的我在某個層面似乎也學會了放下，進而幫助我在未來看見從未想過的可能性。

這些經驗讓我發現，要了解平行宇宙的第一要件就是先放下人類對時間的線性觀念，不再認定已經發生的過去不會影響到現在和未來。人在靈魂的狀況下是不受時間與空間限制的，就如同許多靈修者所知，要改變自己的未來就得要先處理自己的內在小孩。那個內在小孩很可能存在於你的童年，也很可能是你某一輩子的記憶，但都被轉換成你此時此刻所要處理與面對的恐懼。人們必須學會勇敢地面對那些恐懼，才有辦法創造出想要的未來。

既然靈魂不受到時間與空間限制，那麼在靈魂的狀態下，是不是可以到任何一個時間與地點去做任何自己想做的事？有沒有可能也可以投胎到過去？

答案是可以，但有其限制。第一：從未來投胎到過去的人必定有跡可循。他們往往會有一般人看不到的「Vision」，可以預測未來可能會發生的事，而這樣的人通常會被稱為先知。但這並不表示他們所看到的未來就一定是真實、會發生的。這緣於人們往往會透過現有的邏輯去詮釋自己所接收到的訊息。但也有很多時候，由於他們所看到的影像或訊息在現在的時間點是不存在的，所以他們很可能也會被歸類為「星際小孩」。此外，他們並不是想要到過去投胎就隨時可以回去，那全都必須先符合他的人生藍圖，也就是說，他的靈魂必須在那樣的環境下成長才有辦法幫助他的靈魂提升。如果要回到過去，他也必須以當時的環境和身分再重新體驗一次。無論如何，凡事都必須符合靈魂的人生藍圖才有辦法被執行。要不然，大多數的時候，靈魂會選擇以旁觀者的立場去重新審視某一輩子，而不會選擇再次投胎到同一個身分，因為再投胎一次表示你也必須重新體驗其中的痛苦。

此外，你也不可能投胎成「你認知裡存在的」過去的偉人，或是已經發生的故事主角身上，因為那是他人的人生藍圖，不是你可以隨意喧賓奪主的。如果用多重宇宙來形容的話，你比較可能投胎在一個故事還沒有被撰寫，也就是不存在於你認知裡的人身上，只不過你需要那個時期的鋪陳與時代背景來協助你做功課。

有沒有任何情況人們會選擇回到過去？

會。當靈魂在某個時間點感覺到特別無力的時候，祂們會想要以高等靈魂的身分回到那個時間點給自己一點力量，無論那個時間點發生在這一輩子或是上一輩子。

有沒有可能回去投胎再成為同一個人？也就是假設我在上一輩子是個很有名的人，那麼我這輩子死了之後再回去投胎成為同一個人？

不可能。因為如果你已經體驗過那一輩子，那麼你就不太可能會選擇回去做同樣的事。但如我之前所說，你不會回去投胎成為「同一個人」，但在必要的條件下，你會選擇回到過去投胎，往往是為了體驗你從來沒有體驗過的人生。除了回到過去之外，在靈魂不受到時間空間限制的前提之下，你也極有可能到另一個銀河系，甚至是另一個星球去投胎，只要它符合你的生命藍圖與課題，並且可以幫助你的靈魂達到成長的目標。

催眠時的想像力缺乏

對應頻道 296 集

今天想要透過一位網友的問題來跟大家討論什麼叫做「催眠時缺乏想像力」。基本上這位網友相信自己的想像力在平常都沒有問題，可是一旦進入冥想或是催眠狀態的時候，無論他再怎麼努力就是都無法看到任何畫面，所以想要知道大家是否有相同的問題。

這其實是因為人們往往在沒有壓力的

情況下才會天馬行空地胡思亂想。一旦要做催眠指引，或是冥想時告訴自己應該要有什麼感受的時候，內心會因為各種因素而產生壓力（無論是單純的好奇或是想要得到某種結果），進而讓自己沒有辦法進入狀況。此外，你的個人觀感會讓你期待在催眠時應該看到某種影像，或是應該要有某種體驗，這也是導致你在催眠狀態下什麼都看不到的原因。就好比催眠師如果要你想像一個山洞，你的腦子裡就會開始思考那個山洞長什麼樣子、多長、多大、多遠……一旦你的腦子被你的邏輯駕馭，那麼你基本上就已經讓自己跳出了催眠狀態。因為你的腦子光是要計算出那個山洞的長寬高或是形狀，就讓你的身體無法放鬆了。

相信各位都知道，催眠是一種進入潛意識狀態的行為。既然想要進入潛意識去探索，那麼第一要件便是要放棄自己的意識邏輯才有辦法進入。在有壓力的情況下，怎麼可能有想像力呢？在想像力的空間裡是沒有度量衡的，所以馬可以是藍色的，鯨魚可以在天上飛，唯有邏輯意識才會去思考多大、多寬、「應該」是什麼模樣或是什麼感覺等等，只要你的腦子裡出現這些問題，你就知道你的意識已經取代了你的想像力。

我的高等靈魂曾經跟我說：「催眠狀態是每個人都可以進入的狀態，只要他們夠集中就好了。」老實說，當時剛接觸到這句話的我真的非常困惑。因為在我的觀念裡，「集中」這兩個字是需要邏輯來輔助的。愈是「集中」的人，愈是沒有辦法進入催眠狀態。但在經過了幾年的測試之後，我慢慢地理解祂口中所謂的「集中」並不是我以為的那個狀態，也開始意識到正如他所說的一樣：每個人隨時隨地都可以進入自己的潛意識狀態去查看自己的資料。

有被催眠過的人應該都知道，人們很常要求被催眠者透過臥躺的姿勢並著重在呼吸上，來幫助催眠者舒緩緊張的心情並放下意識，透過某種專注力讓被催眠者可以集中在當下的狀態。一旦被催眠者可以專注在此時此刻的狀態，無論是呼吸或是身體上的某個感官，都可以幫助他不受到外物或人類邏輯的影響，而比較容易進入催眠狀態。在這個時候，催眠者往往會透過一扇門、一個隧道等暗示來製造出邏輯與潛意識之間的通道。在這個時候，有很多人之所以沒有辦法進入狀況的原因在於：他們的記憶裡並沒有這樣子的資訊，或是他們開始質疑催眠者所要求的那個通道應該以什麼樣子呈現。這個時候的問題跟想像力一點都沒有關係，而是你的邏輯正在尋找著可以輔佐的資訊。

很多人會覺得「就算沒有吃過豬肉也應該看過豬走路吧？」怎麼會有人沒看過山洞長什麼樣子呢？但其實大部分的人在開車的時候都是呈現半昏睡或是自動導航狀態，更不用說還有些人得要把實物明顯地擺在自己眼前才知道，完全不允許自己有任何想像的空間。在現實世界裡，這大概就是藝術腦與理工腦的差別。

一個人之所以沒有辦法想像，很多時候是因為內在的視覺肌肉沒有被訓練。通常不需要實際去過山洞，但製造出模擬過山洞的場景可以增強這種能力。如果真的無法透過模擬來感受，那麼只好多去接觸山洞，體驗從黑暗到光明的感覺，或者多打開幾次你不知道後面是什麼的門，這都能幫助你進入狀況。因為催眠中的通道，本來就是讓自己從已知狀態進入到未知狀態，無論催眠師用什麼方式呈現。透過觀察自己的心境，慢慢體會那樣的感覺，你的內在視覺也會因此得到訓練，讓你在下一次被催眠時更容易進入狀態。

對我來說，要進入潛意識有許多方法，不僅僅是過山洞這一種。觀看前世記憶的場域反而比較像是座圖書館，只是每個人的記憶庫所呈現的圖書館風格各有不同。通常，利用人們比較熟悉的場景會比完全不熟悉的場景更有效，例如使用門的效果可能比過山洞還要好。更不用說有些人可能怕黑，一想到山洞就會感到害怕，這更不利於進入催眠狀態。場景的設計重點在讓人從意識轉換到潛意識，已知轉換成未知，黑暗變成光明。因此，除了上述幾個例子，任何讓你期待未知的場景都可以作為參考。有時候從意識到潛意識看似困難，但利用想像力或過去類似的經驗也是方法之一。

通常進入潛意識的場景是從模糊逐漸轉換成清晰的影像，就像置身在霧中看到濃霧逐漸散去的感覺，或飛機在雲層中逐漸突破雲端的清晰感。大部分的催眠指引都有類似的情境，因為人們在現實生活中往往希望周遭的一切在自己的掌控之中，所以對於進入潛意識後的未知狀態會不自覺地感到惶恐不安，也因此，濃霧散開般的景像可以間接引導被催眠者從緊繃進入到放鬆的狀態。只要記得，在進入催眠狀態以前，必須先排除那種害怕失控的緊張感，想辦法讓身心靈都能進入放鬆的狀態。這個時候若是讓專注力集中在身體的感官上，包括呼吸、脈搏跳動和指尖的感受等等，都可以幫助你更輕易地進入潛意識。

有些時候，與其執著於想要看到什麼，或是糾結於應該要看到什麼，不如給自己一點想像空間。想像如果自己什麼都可以看到的話，最想要看到什麼？這也可以幫助你進入潛意識的領域。如上所說，許多催眠師喜歡用專注當下的感覺來引導客戶。因此，即使進入到他們所引導的世界後，將注意力放在自己的手腳上，然後慢慢延伸至鞋子、衣服，或是踩在什麼樣的路上，再逐漸延伸到周遭的環境，也是個不錯的方法。試著想像，如果今天你可以看到任何景象，會是什麼模樣？允許自己天馬行空地胡思亂想，不要在意看到的是真實還是虛幻，這也有助於你進入潛意識狀態。大部分人被催眠時都急於想要看到東西，反倒什麼也看不到。此外，不斷地質疑自己所看到的是真實還是虛幻，也是無法繼續探索潛意識的主要原因。潛意識其實是夾在想像力與邏輯之間的，今日無論你是透過專注當下的感官，還是天馬行空的胡思亂想，都是可以漸漸引導你進入潛意識的方法。

這篇文章並不是來教各位如何自我催眠，而是如果你在催眠時有任何內在視覺的障礙，以上方法可能會對你有所幫助。在催眠時，放下自己的邏輯意識，不要給自己太多壓力，著重在當下身體的感官，這都可以幫助你進入催眠狀態。要記得，這跟缺乏想像力一點關係都沒有，反而是你的邏輯害怕失去掌控才會產生的反應。

希望給您一些參考喔。

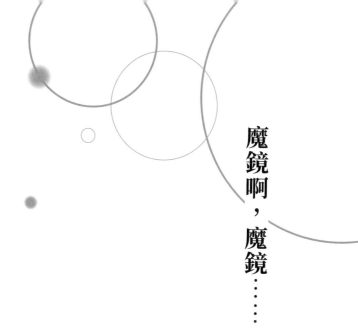

魔鏡啊，魔鏡……

對應頻道 299 集

長期追蹤我或曾經找我諮詢的朋友們應該知道，「鏡子療法」是我很常使用的工具之一。這其實是因為在多年的靈性旅程中，我發現這個世界上真的沒有人比你本人更適合療癒自己。雖然環境常常讓我們有種無能為力的感覺，也在教育我們生病只能尋找專業醫生治療的同時，間接地讓我們相信人們沒有自癒的能力。但是療癒自己真的是每個人都可以著手的事。特別是當我從靈性旅程中了解愈多的時候，我愈意識到靈魂的潛能是無限的，也讓我想要探索更多自我療癒的方法，並透過這麼多年的諮詢案例得到了印證。

我之所以鍾愛「鏡子療法」，最主要是因為它的經濟實惠。因為每個人的家裡幾乎都有鏡子，就算沒有，不需要花費太多錢就可以購買到，或者人手一支的手機也可以充當鏡子使用。這是一個你隨時隨地可以拿來療癒自己的小工具。療癒的方法其實跟醫生開給你的藥沒有什麼兩樣，完全取決於你的症狀輕重。你可以早中晚三次，也可以一天一次，症狀嚴重一點的話則睡前再加做一次。使用這個療法的次數完全取決於你個人的需求。

你要做的，就是站在鏡子前面，對著自己精神喊話三次。至於喊什麼，這就得取決於你的內在小孩在糾結什麼、害怕什麼。如果你對「內在小孩」一點概念也沒有的話，建議各位先參考之前有關內在小孩的文章，找到自己隱藏在內心的句子是什麼。若是你們對於內在小孩已經有點了解的話，相信你們一定很清楚自己的句子是什麼。通常這個句子就是你的內在無時無刻用來攻擊或批判自己的句子。

找到那個句子之後，你要做的就是用一個完全相反的句子來對抗那句不斷在你內心重覆的句子。假設你的內在小孩相信自己很醜，那麼你在鏡子前的喊話就會是「你很漂亮！」如果他覺得自己笨手笨腳，那麼你的句子便是「你很棒！」你的句子絕對要和你內在小孩不斷重覆的句子形成明顯的「對立」。

如果你不知道那個句子是什麼，也不知道該從何找起的話，那麼你可以試著觀察生活中那些讓你感到生氣、難過、沮喪的事件，並注意自己在那種情況下的真實感受是什麼。一旦找到那個句子之後，你就可以開始練習鏡子療法。即便那個句子不是真的，只不過是你的推斷與猜測而已，你也可以開始進行這樣的練習。因為人們往往會從練習中，慢慢地更正，進而找到真正屬於自己的句子。通常那個句子會非常強而有力，讓你感覺一針見血似地刺進你的心裡。

在照著鏡子的時候，一定要看著自己的眼睛，然後「大聲的」把對立的句子喊出來。假設你的內在小孩覺得自己很醜，那麼你在鏡子前要喊的就是：「（你的名字），你很漂亮！」記得，名字和句子一定要大聲唸出來，因為光是在腦子裡想是沒有用的喔！還有，基於靈魂有獨立個體性的關係，每個人的句子不盡相同，你不需要去管別人說什麼，只要找到自己的句子就可以了。也不要用「我想要」或是「我將會」來開頭，直接用最肯定的句子來讚美自己。

之所以跟大家分享這個方法，是因為我們活在一個慣性批判的社會，我們總能很快地指出別人或自己身上不好的地方。正因如此，所以我們總會急著想要更正自己身上不好的地方以免被批判。特別是當我們總是在尋找他人的認可，期望他人可以接受自己的情況下，我們會更不自覺地放大內在不好的地方，這也是內在小孩的句子會無限循環的主要原因。也正因為處於這種總是批判的環境，要人們學會欣賞自己自然不是一件簡單的事，更不用說去相信自己真的夠好、夠棒，因為不管他們想要相信什麼，內在總有一道聲音不斷地推翻他們想要相信的信念，在內心裡形成強烈的拉扯。

透過鏡子療法把內心真正想要的說出來是需要勇氣的。許多人覺得要在鏡子前面大聲讚美自己是件很尷尬的事，所以在腦子裡想應該也無妨吧？但事實是，一句「你用腦子想來讚美自己的句子」想要對抗「早已佔據你的腦子數十年不斷自我批判的句子」，根本一點勝算也沒有。一旦能夠強迫自己說出口，那麼光是在勇氣上你就勝出了一大截。此外，透過鏡子裡反射出的自己，你又會接收到視覺上的加乘效果。更別說在大喊出聲後，你的聽覺也會受到鼓舞。在三方同時進攻的情況下，你要勝出腦子裡自我批判的句子，機率是相對高的。而這種提高自信的練習全都只需要透過鏡子這個小工具便可以達到效果。

至於需要多少天才會見到成效，我會說至少要二十一天的時間。因為任何的習慣都需要至少二十一天才能夠養成。大部分的客戶在執行鏡子療法一個月之後就會開始「感覺」到改變，雖然所謂的改變不是明確的，但他們總是可以感覺到自己好像有某一部分得到了改變。因為人們的自卑往往會反應在生活的各個層面與關係裡，如果你的內在開始學會欣賞自己、愛自己，那麼它自然也會反射在你的日常生活中。或許一直以來，你早已習慣尋找不好的地方，注意到自己或別人的缺點，但透過這個小小的練習，除了讓你開始學會欣賞自己之外，更重要的是，你也會開始注意到生活中那些美好的事物。因為當你把注意力放在美好的事物上，宇宙就會回應那樣的能量，進而讓更多美好的事物發生在你的生命中。特別是在我們進入覺知的世代，就更應該懂得對新的、美好的事物有更多的覺察，進而可以為自己的生命製造出更多的美好。

人的能量是無限的，它遠超過社會給予我們的認知。傳統社會教育我們的「不夠好」，都只是為了讓我們去探索自己夠好的鋪陳罷了。在階級制度以及權力鬥爭下的我們很容易感到自己的無能為力，但隨著覺知世代的開啟，人們會開始意識到自己的能力以及找到適合自己的位置，不再拿自己與他人做比較，也因此，相信自己有那個能力是相對重要的。現今的社會有更多的資源可以幫助我們了解與認識自己。所以如果你感覺到自己的無能為力，或是內在小孩的句子正在束縛著你的話，試試鏡子療法吧。讓我再重複一次，我們是最有能力療癒自己的人。即便在最無助的情況下，只要你還願意相信自己、給自己一點力量、願意為自己做些什麼的話，我相信一定可以看到改變。不是每個人都負擔得起心理醫生的費用，如果你對生活感到茫然與不知所措，不如試試鏡子療法吧。你可以每天早中晚三餐服用，也可以在睡前加一劑，就算過度服用也不會有任何的副作用，希望藉此可以幫助各位盡快跳脫深不見底的深淵喔。

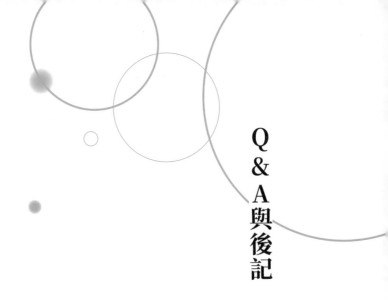

Q&A與後記

在本書的最後，我想要回答一些問題：

問：有些算命是透過動物來卜卦，例如鳥卦或龜卦，請問這是依據什麼原理？又是如何運作？以及可行的原因為何？

這建立在宇宙底下的資訊原本就是共享的。動物由於不會受到邏輯的影響，對宇宙底下的振動也有比較直接的感受力。牠們或許聽不懂你的問題，卻可以透過觀察或是感受你的能場來尋找相似的振動回應，這是可以透過動物來卜卦的主要原因。不過，任何一個解讀訊息的人都會因為自身成長環境、教育文化與認知上的不同，而過濾出各有差異的答案。

問：Empath（共感人）要如何保護自己？

Empath 因為很容易受到他人的情緒影響，所以格外地需要學會保護自己。第一要件是清楚自己的能場，並學會穩住自己，不受到外界的影響。如果你自認為很容易受到他人情緒左右，可以想像自己與對方之間有一道可以有效阻隔你與對方頻率互動的防護門，阻止你與對方產生共振。透過不斷練習這樣的想像，自然可以熟能生巧，讓你不再輕易受到他人的影響。但更重要的是心態可以決定一切。相信自己不會輕易受到他人影響，與覺得自己一定會受到他人影響，這兩種不同的信念會為你創造出兩種完全不同的結果。

問：請問要如何阻擋他人的詛咒？

雖然人們無法阻止任何人來詛咒自己，但宇宙不變的法則是，只要一個人的能場夠穩定，就不容易受到任何的影響。如果你覺得有人在詛咒你，而你又無法不受到影響，可以試著念大悲咒，並想像它在自己周遭形成一道安全的防護罩，有效地幫你隔離掉那些莫名的詛咒。但要切記，有時候你以為的詛咒可能只是你生命藍圖裡所鋪陳的一門功課而已，在這種情況下，這個方法可能會沒有用，反而需要你去思考真正的解決方法並處理，才會有效地根除這種被詛咒的感覺。

問：你覺得在過去所有的集數裡，最重要的話題是什麼？

到目前為止，我覺得找到自己的核心價值是非常重要的話題。因為人們一旦找到自己的價值，就會清楚地體驗到所有的事情都是可能的。他們可以創造出任何的實相，也可以輕易地轉換身體裡的任何情緒。這也是為什麼在過去的直播跟文章，我不斷地重申「愛自己」的重要性。找到自己是誰，想要成為什麼，都會是幫助你們創造這一輩子的重要基礎。

問：貓狗會記得自己的前世，並且比較不畏懼死亡嗎？

我覺得不只是貓狗，而是大部分的動物都比較不畏懼死亡。或許牠們在死亡發生的當下會感到害怕，但至少不會像人類一樣，事情明明還沒有發生就開始擔心。大部分的動物即便在面對死亡的當下，仍會奮力地為自己找出一條生路。至於牠們會不會記得自己的前世呢？我家的狗記得自己的前世，但貓卻沒有，所以應該也是依照動物本身的需要來決定。

問：請問我察覺到自己的缺點，但一直無法調整，應該如何改變？

想要改變缺點，就必須強迫自己去挑戰害怕的事。這雖然是陳腔濫調，卻是最根本的解決辦法。否則，人們會一直為自己的行為尋找合理的藉口逃避，永遠只會讓自己處在「我有意識到這樣的問題，但沒有任何改變」的狀態。好比害怕社交的人會說自己是社恐，老是拉不下臉的人會說自己是固執。如果你把自己察覺到的缺點一一寫下來，或許可以用更客觀的角度思考如何改善這些行為。我曾說過，任何進化的先決條件是覺知。一旦有改變的念頭，每次同樣的行為要發生時，只需要多花三秒鐘提醒自己就可以改變。或許一開始需要更久的時間才有辦法意識到，但隨著練習，察覺力自然會進步。當試圖改變的行為成為習慣，你會發現曾經以為的缺點已在無數的練習中得到改進，再也不是缺點。

問：對於過去記憶的認知若有改變，會影響現在或未來嗎？

想像你生命中每一個時間點都是由蜘蛛絲般的線，連接形成如網狀般的面狀。在任何時間點，如果你牽動蜘蛛網上的任何一個點，都會直接或間接地影響到網上的任何一個點。愈靠近的地方影響愈大，愈遠的地方影響愈小。也就是說，當你在任何一個時間點上的認知做了更改，都會影響到你的現在或未來。就好比你曾有一段記憶導致你對家人產生了恨，但在某一時間點發現你曾經信以為真的記憶並不是真的，進而使得一直以來的怨恨在當下被化解。在那個當下，你會釋放自己對於該事件執著而放不下的情緒，使未來的你再接觸到類似情境時，不會被激發出相同的情緒。

問：總感覺生命太長，若是不選擇自殘或者瘋掉的辦法，那麼出家應該可以逃避現在的狀況吧？

我個人不認為出家可以解決所有的問題，但在凡事一體兩面的基礎上，或許在某種情況下是可行的辦法。我覺得，當一個人被世界煩得無法靜心與自己相處時，短暫的出家或許是學著與靈魂獨處的最好辦法。但如果一個人出家單純是為了逃避問題，而說服自己什麼都得放下（放棄），那麼在做出這個決定之前，其實內心早已清楚地知道答案。如果「逃避」兩字已出現在你的問題裡，相信一定有比出家更好的解決辦法在等著你。

問：一直吸收別人的負能量要如何保護自己？

如果你習慣性地吸收別人的負能量導致自己壓力很大，我建議每天睡前養成拋棄負能量的習慣。躺在床上深呼吸幾次，然後想像宇宙裡出現一支很大的吸塵器把你身體裡的所有負能量全部吸掉。這樣你就不用每天花很多精力消耗負能量。如果無法想像，也可以在每天洗澡時想像所有的負能量隨著水流被沖走。只要為自己創造某種儀式感並養成每天抒發負能量的行為，就不需要等到負荷不了才再來發洩，在平時接收負能量時就可以練習。

問：「停三秒」的覺知才能走到覺醒嗎？我們需要去追求所謂的覺醒嗎？

答：建議在做任何事情前都先給自己三秒的時間反省，然後再行動，是為了給自己的所作所為製造覺知，而不是任由情緒不負責任地暴走。在言行之前多花三秒鐘的時間，可以幫助自己調整成靈魂真正想要成為的人，這說明了任何進化都必須先有覺知才能做調整。當然，如我在文章中不斷提到的，人生是充滿選擇的。雖然靈魂有進化的本能，但要不要覺醒完全取決於你個人的決定。如果你的人生藍圖中沒有安排覺醒，那麼你自然沒有追求覺醒的必要。覺醒只是一種順理成章的過程，並不需要特別追求才能夠得到。

問：能不能快速講解如何透過呼吸催眠自己？總感覺內在小孩老是跟自己唱反調。

如果內在小孩的信念總是跟你唱反調，首先要做的不是催眠自己，而是先安撫內在小孩。因為內在情緒在沒有得到安撫的情況下，任何人都很難進入催眠狀態。一旦內在情緒得到安撫後，可以設定催眠的目標，然後躺在能全身放鬆的地方，放慢呼吸，專注於回到當下的事物上，再透過想像力進入催眠狀態。詳情可以參考之前的文章。

問：去修行的地方看到有人靈動，當我閉上眼想體驗時，腳會不自覺地晃動，

身體也會跟著搖擺，但為什麼還會一直打嗝？

人打嗝是因為肚子裡吸進了太多的空氣，大多發生在吃太快或吃太多時。同理，一個人在某個環境中會打嗝，是因為外在振動與內在振動產生太大的落差，就像突然吸進大量空氣一樣，會造成身體打嗝的反應。一群人靈動，你也會不自覺地擺動，是因為所有事物都是一種振動。當一群人有意識地去做某些行為而產生集體振動時，置身其中的你自然會受到影響。

問：每間房子都有適合它的主人和職業別嗎？人的能量場有影響力，那麼好的能量是否可以讓房子的能量變更好，或是把不適合變成適合？除了正向思考外，還能如何維持好的能量？

每間房子都有適合它的主人和職業別。就像有些人適合東方，有些人適合南方一樣，因為每個人的振動不同，地域間的振動也不同，當把兩個不一樣的振動放在一起時，自然會產生共振或相互排斥。每個房子除了本身的地域振動外，還有之前屋主的振動。人們可以將房子改變成適合自己的振動，一般需要九到十五個月左右。只要有改變的信念，不被不合頻的振動左右，一般在這段時間上下可以感覺到改變。

此外，一個流動的能場才是好的能場，不是靠維持就能得到。如果意識到自己的能量有堵塞，要為它製造疏通的管道。屋子的能場是否暢通也會直接影響居住者的狀態。最好的能量不是一味地保持正向，而是有高有低，有進有出的能量才是最好的能量。

問：既然沒有是非對錯的差別，為什麼在進入白光之前還會有灰色地帶？

白色和黑色的交會處自然會是灰色的，這個地帶主要是讓靈魂反省生前所做的一切，因為任何理解都可以幫助更好地鋪陳或安排下一輩子的藍圖。一個人在生前若沒有做出對不起自己或別人的事，即便這個地帶是灰色的，也不會對你產生任何影響。

問：如果集體祝福對當事人有影響效果，那麼世界上總會有一個被集體討厭或詛咒的人，那這個被大眾集體詛咒的人該怎麼辦？

被集體討厭或詛咒的經典範例是希特勒。我曾經說過，當一個人的能場夠穩定時，自然不會受到任何詛咒的影響。更何況，任何詛咒都必須在不影響人生藍圖的前提下才能有效。一般來說，人們在脆弱時才需要被集體祝福，在希望被救援的狀態下，對能量的接受度會比較高。但詛咒往往是受到個人偏見和情緒影響，被詛咒對象也不一定是能場脆弱的人，在個人主觀意識和不影響他人生藍圖的前提下，詛咒對其對象不一定有效。

問：腦子裡出現的任何負面字眼都來自於內在小孩嗎？

是。因為意識邏輯是形成任何批判的根本，諸如「你好笨」、「你不夠漂亮」、「你沒有人愛」、「你做什麼都會失敗」等字眼都是從小被環境教育或比較出來的。在靈魂的狀態下，任何無論好壞的安排都是此時此刻最好的安排，所以自然不會產生任何批評或比較的字眼。

問：人活在世界上的目的是什麼？

為了找到更好的自己。

問：憂鬱或過度思考擔心會傷害腦部嗎？

任何擔心不只會傷害腦部，還會傷害靈魂深處。因為任何堵塞而得不到疏通的情緒與能量，最終都會顯化成為身體上的實質疾病，如同本書所分享的各種疾病一樣。

問：朋友說他祖父因某事與人結怨，對方請了道行高深的道士做法詛咒他們整個家族，以致於後代每次做生意都會失敗，這是否證實詛咒是真實存在的？

這是因為信念的關係。任何信念無論相隔多少世代，只要有人一直供養這種信念，它自然會有作用力。特別是詛咒，如果每代子孫一遇到不好的事就聯想到詛咒，即使對方的詛咒早已失效，但在歷代子孫信念的餵養下，詛咒仍會有其效力。這需要有人願意改變想法，持之以恆後才會看到改變。一般來說，如果詛咒不符合人生藍圖的安排，後代子孫自然不會受到影響。

問：在精神不自由、行動也不自由的年代，人們的內在需要學習什麼？

愈是在受限的環境下，愈要學習內在的強大。自由的環境是為了激發人們的想像力與創造力，而在受到各種外來阻力的限制下，人們要學習不輕易受到干擾或挫敗，或是在狹縫中求生存的堅強與勇氣。

問：我想知道快樂的正確方法。

在宇宙底下沒有是非對錯的情況下，快樂沒有標準答案，也沒有正確的方法。任何可以幫助你的靈魂成為它想要的模樣，都是最好也最正確的方法。

感謝各位這麼多年以來的支持，當我再回頭看的時候，也覺得自己成長了許多。特別是，我發現一個人知道的事情愈多時，似乎愈能夠以一種泰然的態度去看待許多生命裡的人事物，這也讓我開始從生命中感受到前所未有的自在。雖然總會有情緒起伏的時候，但也發現自己恢復的時間遠比二十幾年前要來得快很多。我的好奇心讓我在靈學這條路上不斷地鑽研，也不斷地想要開創更多自己不知道的領域……老實說，我不知道這條路究竟要把我帶到哪裡，但我相信總有一天能夠完整地拼湊起來，讓我可以用更全面的方式呈現給各位。感謝各位陪伴我，希望在接下來，我可以帶給各位更多更完整的訊息，幫助你們創造出一直想要的未來。

作者簡介

Ruowen Huang

心靈寫真館版主。

早期曾出版過許多言情小說，也參與過廣告、貿易、零售、資訊與多媒體等多元化行業。

現居溫哥華，擔任視覺設計師、作者、靈媒、心靈諮詢師以及講師等工作。

希望能透過靈媒的視角做全方位的分享，來幫助大家破解生命的密碼。

著作：《你，是自己的鑰匙》《愛自己，只是一個開始》《處理自己的否定句》《與自己對齊》《生命的中間，是如果》（時報出版）

Facebook：https://www.facebook.com/ruowenh/

Website：www.ruowen.com

Youtube：https://www.youtube.com/user/iaminspirit

靈媒媽媽的心靈解答書 6

情緒，是為了讓你看見自己

作者一 Ruowen Huang
設　　計一 張巖
副總編輯一 楊淑媚
校　　對一 Ruowen Huang、楊淑媚
行銷企劃一 謝儀方

總編輯一 梁芳春
董事長一 趙政岷
出版者一 時報文化出版企業股份有限公司
108019 台北市和平西路三段二四〇號七樓
發行專線一（02）2306一6842
讀者服務專線一0800一231一705、（02）2304一7103
讀者服務傳真一（02）2304一6858
郵撥一19344724 時報文化出版公司
信箱一10899 台北華江橋郵局第 99 信箱
時報悅讀網一http://www.readingtimes.com.tw
電子郵件信箱一yoho@readingtimes.com.tw
法律顧問一 理律法律事務所　陳長文律師、李念祖律師
印刷一勁達印刷有限公司
初版一刷一 2024 年 12 月 20 日
初版二刷一 2025 年 3 月 14 日
定價一 新台幣 400 元

版權所有 翻印必究
缺頁或破損的書，請寄回更換

情緒，是為了讓你看見自己 /Ruowen Huang 作 . -- 初版 . --
臺北市：時報文化出版企業股份有限公司，2024.12 面；　公分
ISBN 978-626-419-082-4(平裝)
1.CST: 靈修 2.CST: 情緒管理 3.CST: 心靈療法
192.1　　113018646

時報文化出版公司成立於一九七五年，並於一九九九年股票上櫃公開發行，於二〇〇八年脫離中時集團非屬旺中，以「尊重智慧與創意的文化事業」為信念。